Jetzt stricken wir!

Jetzt stricken wir!

35 Ideen für kleine und große Hände

Claire Montgomerie

Ins Deutsche übertragen von Sinja Hundshagen

COPPENRATH

Impressum

Wir danken der Firma LANG YARNS (Lang & Co. AG, Schweiz) und Andrea Gottschlich von PLETZER WOLLE in Münster für die fachkundige Beratung. Alle Anleitungen und Informationen in diesem Buch sind sorgfältig ausgewählt und geprüft. Dennoch können weder Urheber noch Verlag eine Garantie übernehmen. Eine Haftung für Personen-, Sach- und Vermögensschäden ist ausgeschlossen.

5 4 3 2 1   18 17 16 15 14
ISBN 978-3-649-61573-6

© 2014 der deutschen Ausgabe:
Coppenrath Verlag GmbH & Co. KG
Hafenweg 30, 48155 Münster, Germany

© 2011 der Originalausgabe:
„Knitting for Children" CICO Books,
an imprint of Ryland Peters & Small Ltd
20–21 Jockey's Fields, London WC1R 4BW
www.cicobooks.com

Text: Claire Montgomerie
Redaktion: Kate Haxell
Design: Elizabeth Healey
Fotos: Terry Benson, Martin Norris
Styling: Emma Hardy, Claire Montgomerie

Deutsche Ausgabe
Übersetzung: Sinja Hundshagen
Lektorat: Judith Grubel
Schlussredaktion: Linda Hermann
Satz: Helene Hillebrand

Alle Rechte vorbehalten, auch auszugsweise
Printed in China

www.coppenrath.de

Inhalt

Vorwort an die Großen 6
Gut zu wissen 10

KLEINE STRICKSCHULE

Das brauchst du 14
Nadeln und Garn halten 16
Maschenanschlag 17
Rechte Maschen 18
Linke Maschen 20
Abketten 22
Maschenprobe 23
Strickmuster 24
Maschen zu- und abnehmen 26
Umschlag 27
Farbwechsel 28
Maschen aufnehmen 28
Zusammennähen 29
Bommel oder Pompons 30
Fransen 31

WARM UND GEMÜTLICH

Loop-Schal 34
Mütze mit Flechtzöpfen 36
Schlangen- oder Katzenschal 38
Ohrenschützer 40
Mütze mit Ohrenklappen 42
Schalmütze 44
Maus-Fausthandschuhe 46

ACCESSOIRES

Bunte Perlenkette 52
Gürtel mit Fransen 54
Haarband 56
Blumen 58
Kleine Schleifen 60
Glitzerarmband und -halskette 62
Verzierte Buttons zum Anstecken 64
Stulpen 66
Schultasche 68
Fingerlose Handschuhe 70
Hausschuhe 72

KUSCHELIGES FÜR ZU HAUSE

Wärmflaschenbezug 78
Täschchen 80
Tasche für MP3-Player und Handys 82
Bunte Kuscheldecke 84
Zugluftstopper 86
Herzkissen 88
Marienkäfer-Duftkissen 90
Regenbogenkissen 94

ZEIT ZUM SPIELEN

Stethoskop 98
Bunter Ball 100
Bonbons 102
Kleine Kuchen 104
Sheriffstern 108
Teddybär 110
Vollbart 114
Alien 116
Puppe 118

Wusstest du eigentlich, dass 122
Danksagung 124
Alternative Garnempfehlungen 126
Register 128

Vorwort an die Großen

Ein Strickbuch für Kinder sollte klar und übersichtlich sein, aber auf keinen Fall zu einfach oder langweilig. Die ausgewählten Projekte müssen das Interesse der Kinder wecken – denn sie konzentrieren sich am besten, wenn sie ihre Aufgabe spannend finden und sie ihnen Spaß macht. Ich habe versucht, diesen Ansprüchen gerecht zu werden und ein interessantes, informatives und lustiges Buch zu schreiben – mit vielen zwar einfachen, aber trotzdem spannenden und farbenfrohen Strickprojekten.

Stricken macht Spaß! Und ich bin überzeugt, dass jeder stricken lernen kann!

Alles, was man braucht, ist viel Übung und Geduld – die, wie wir wissen, nicht alle Kinder haben. Deshalb sind die meisten Projekte in diesem Buch recht schnell umzusetzen und die Strickmuster wiederholen sich immer wieder.

Für die Puppen und Stofftiere habe ich immer ähnliche Techniken ausgesucht. Durch verschiedene nicht gestrickte Accessoires und Zusätze wird jedes Projekt jedoch einzigartig. Sobald die Kinder die Strickmuster beherrschen, können sie selbst Formen entwerfen und ihre ganz eigenen Figuren und Tiere entwickeln – das bestärkt Kreativität und Individualität. Stricken fördert aber nicht nur die künstlerische Ausdrucksfähigkeit, sondern auch das Konzentrationsvermögen. Spielerisch wird sowohl gezählt und gerechnet als auch entspannt.

In welchem Alter kann ein Kind mit dem Stricken beginnen? Eigentlich gibt es kein perfektes Alter, es hängt wie so vieles ganz vom jeweiligen Kind ab. In meinen Handarbeits-Workshops habe ich allerdings festgestellt, dass sich die ersten Versuche mit 7 oder 8 Jahren anbieten. Dann haben die meisten Kinder genügend Geduld, eine gute Hand-Augen-Koordination und können sich lange genug konzentrieren. Außerdem fällt es ihnen in diesem Alter leichter, alle Techniken zu verinnerlichen und das Stricken so zu üben, dass sie es nicht wieder verlernen.

Stricken lernen ist eine knifflige Angelegenheit, zum einen für das Kind, denn es muss Garn und Stricknadeln richtig halten, zum anderen für den Erwachsenen, der das Kind unterstützen und beurteilen muss, ob es schon die nötigen Fähigkeiten besitzt. Am besten geht es, wenn die großen Hände 20 Maschen anschlagen und ein Stück stricken, bevor die Arbeit an die kleinen Hände weitergegeben wird. Für Kinder ist es viel leichter, in eine gestrickte Reihe zu arbeiten als in den Maschenanschlag. Sobald das Kind weiß, wie man Garn und Nadeln richtig hält und rechte Maschen strickt, ist alles andere schon viel leichter. Es wird dann ganz schnell gehen, die verschiedenen Strickmuster zu lernen, da die Techniken aufeinander aufbauen.

Bei der Auswahl der Materialien gibt es auch einiges zu beachten, damit sie für Kinder geeignet sind. Mit Bambusnadeln können Kinder am besten stricken, da sie nicht so glatt sind und das Garn von ihnen seltener herunterrutscht. Die Projekte sollten mit mitteldicken (ca. 4–6 mm) und nicht zu langen (18–25 cm) Stricknadeln zu bearbeiten sein, damit die Kinder nicht mit zu kleinen und umständlichen, aber auch nicht mit zu dicken und sperrigen Nadeln hantieren müssen.

Für den Anfang empfehle ich weiche, dehnbare Garne wie Acrylfasern oder Schurwolle – diese sind leicht zu handhaben und die Projekte „wachsen" schnell. Ich habe darauf geachtet, Garn auszuwählen, das sich gut verarbeiten lässt und speziell für Kinder geeignet ist: sowohl Wolle, die aus natürlichen Fasern besteht und besonders verträglich für die empfindliche Haut ist, als auch Garn aus Kunstfasern, das haltbarer und besser zu waschen ist. Ich schlage bei jeder Anleitung Alternativen vor. Für die meisten Projekte wird nur wenig Garn benötigt, so können auch prima übrig gebliebene Reste verwertet werden.

Fangt ganz langsam an und gestaltet die ersten Versuche spielerisch. Kinder sind glücklich, wenn sie erst einmal mit dem Garn und den verschiedenen Techniken herumspielen können. Versucht, möglichst abwechslungsreich zu beginnen. So sollten beispielsweise nicht zu lange die komplizierten Maschen geübt, sondern zwischendurch einfach mal ein paar Bommel gemacht werden. Durch die ständige Wiederholung beim Stricken können ungeübte Hände schnell ein wenig schmerzen. Es ist nicht wichtig, jeden Tag zu üben – Hauptsache, ihr versucht es regelmäßig. Vielleicht strickt ihr immer gemeinsam bei eurer Lieblingssendung oder vor dem Schlafengehen zur Entspannung.

Den besten Tipp, den ich immer wieder geben kann, ist: Habt gemeinsam Spaß am Handarbeiten! Während Erwachsene gern große komplizierte Projekte stricken, ist es für Kinder wichtig, schnell erste Ergebnisse zu sehen. Sonst werden sie ungeduldig oder verlieren die Lust und Konzentration. Genießt einfach das gemeinsame Stricken und legt zunächst nicht zu großen Wert auf perfekte Ergebnisse. Seid flexibel und versucht immer wieder, auf die Kreativität des Kindes einzugehen. Projekte können sich während der Bearbeitung verändern und von der Anleitung abweichen! Kinder haben einen ganz anderen Blick auf die Welt als Erwachsene – deshalb unterstützt sie, die verrücktesten und lustigsten Figuren zu formen, und vielleicht bringen sie euch im Gegenzug auch zwei, drei Dinge über das Stricken bei.

Claire Montgomerie

Gut zu wissen

Bevor du lernst, deine ersten Maschen zu stricken, erfährst du hier noch ein paar wichtige Sachen zum Umgang mit diesem Buch.

Was bedeuten die Schafe?
Die Anleitungen in diesem Buch sind mit unterschiedlichen Schwierigkeitsgraden markiert:

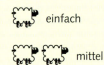 einfach

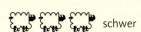 mittel

🐑 🐑 🐑 schwer

Mit der Strickliesel stricken
Für manche Projekte in diesem Buch benötigst du eine Strickliesel, um lange oder kurze Schnüre zu stricken. So funktioniert's:
- Schiebe ein Stück Garn durch die obere Öffnung der Strickliesel und lass den Faden etwa 15 cm aus der unteren Öffnung heraushängen.
- Nun legst du den Faden, der oben aus der Liesel herausschaut, außen um den ersten Haken herum – und zwar von links nach rechts. Genauso legst du den Faden im Uhrzeigersinn auch um die anderen drei Haken.
- Wenn du den Faden um alle vier Haken gelegt hast, führst du den Faden vor den nächstliegenden Haken und oberhalb der Schlinge entlang.
- Hebe nun mit der Stricknadel die Schlinge über das Garn und über den Haken zur Mitte hin ab. Das vorgelegte Garn bildet eine neue Masche. Jetzt strickst du so lange weiter, bis die Strickschnur lang genug ist.
- Um die Schnur herauszunehmen, ziehst du das Garn durch alle vier Maschen und hebst diese von den Haken ab. Das nennt man Abketten.

Strickanleitung = Geheimsprache?

Auf den ersten Blick sehen die Anleitungen wirklich kompliziert aus. Mit etwas Übung lernst du aber ganz schnell, was die Abkürzungen bedeuten und wie die einzelnen Anleitungen aufgebaut sind.

Abkürzungen

abn = abnehmen bzw. 2 Maschen zusammenstricken (siehe S. 26)

abk = abketten (siehe S. 22)

AS = Außenseite, meist rechts gestrickte Seite (zeigt beim Zusammennähen in der Regel nach außen)

glatt rechts / glatt links = stricke abwechselnd eine Reihe rechte und eine Reihe linke Maschen (siehe S. 24)

IS = Innenseite, meist links gestrickte Seite (zeigt beim Zusammennähen in der Regel nach innen)

kraus rechts = stricke in jeder Reihe nur rechte Maschen (siehe S. 24)

li = linke Maschen stricken

M = Masche / Maschen

Perlmuster = stricke in einer Reihe abwechselnd rechte und linke Maschen; stricke in den nächsten Reihen immer rechte über links aussehende und linke über rechts aussehende Maschen. Perle = V über Schlange und Schlange über V (siehe S. 25)

R = Reihe / Reihen

re = rechte Maschen stricken

Rippenmuster = stricke in einer Reihe abwechselnd rechte und linke Maschen, stricke in den nächsten Reihen die Maschen so, wie sie aussehen, das heißt die rechts aussehenden rechts und die links aussehenden links. Rippe = V über V und Schlange über Schlange (siehe S. 25)

U = Umschlag / Umschläge (siehe S. 27)

wdh = wiederholen

zun = zunehmen bzw. 1 Masche aufnehmen (siehe S. 26)

zus = zusammen

2rezus = 2 Maschen rechts zusammenstricken (siehe S. 26)

... = die Maschenfolge zwischen den Sternen wiederholen

(...) wdh = die Maschenfolge in den Klammern wiederholen

= 17 M = am Ende der Reihe sollst du 17 Maschen haben

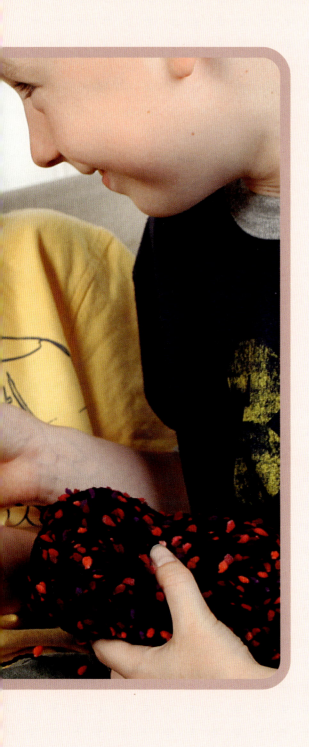

Kapitel 1

Kleine Strickschule

14 KLEINE STRICKSCHULE

Das brauchst du

Zum Stricken brauchst du anfangs eigentlich nur zwei Dinge: Stricknadeln und etwas Garn. Wenn du häufiger strickst, wirst du aber merken, dass noch ein paar andere Kleinigkeiten sehr nützlich sind.

▼ **Stricknadeln** gibt es in verschiedenen Farben und aus unterschiedlichen Materialien. Die Farbe macht beim Stricken keinen Unterschied, das Material schon. Stricknadeln aus Plastik und Metall sind sehr glatt. Versuche es daher zuerst mit Bambusnadeln – von diesen rutscht das Garn seltener herunter.

▼ **Hilfsnadeln oder Maschenraffer** brauchst du, wenn du einige Maschen zur Seite legen und später weiterstricken möchtest.

▲ **Garn** gibt es in unzähligen Farben und Qualitäten – von glatt bis superplüschig.

▲ **Maschenstopper** sorgen dafür, dass deine Maschen in den Strickpausen auf den Nadeln bleiben. Außerdem verhindern sie, dass die Stricknadeln Löcher in deine Tasche bohren.

▶ **Schere:** Einige Garne sind sehr reißfest – du wirst eine Schere brauchen, um sie durchzuschneiden.

▶ **Stecknadeln** eignen sich gut, um zwei Strickstücke zusammenzuhalten, die du zusammennähen möchtest.

▲ **Stopfnadeln** brauchst du, um zwei Strickstücke zusammenzunähen. Es gibt sie in unterschiedlichen Größen für unterschiedlich dickes Garn. Nadeln mit gebogener Spitze sind leichter zu benutzen.

▼ **Knöpfe** bringen Farbe ins Spiel und eignen sich natürlich auch als Verschlüsse.

▶ **Nähnadel und Faden** benötigst du, um kleine Knöpfe anzunähen. Für größere Knöpfe kannst du eine Stopfnadel und Strickwolle verwenden.

▶ **Strickliesel:** Mit ihrer Hilfe kannst du ganz einfach Kordeln und Schnüre stricken. Wie das geht, erfährst du auf S. 10 oder in der Anleitung, die der Strickliesel beiliegt.

▼ **Bommelmacher** gibt es in unterschiedlichen Größen. Mit ihnen kannst du schnell und einfach lustige Pompons zaubern.

▶ **Bunte Bänder** sind prima, um deine Strickarbeit zu verzieren. Fädele sie einfach durch die Maschen, wenn das Projekt fertig ist.

Nadeln und Garn halten

Es gibt nicht *den einen richtigen Weg*, Stricknadeln und Garn zu halten – jeder hat seine eigenen Vorlieben. Wenn du diesen Vorschlägen folgst, wird dir das Stricken jedoch gleich locker von der Hand gehen.

Bitte einen Erwachsenen, ein paar Reihen für dich zu stricken. Es ist dann einfacher, Nadeln und Garn zu halten, als wenn du noch keine Maschen auf der Nadel hast.

Die meisten Menschen halten die Stricknadeln so, als ob sie mit einem Messer eine Brotscheibe abschneiden würden. Probier es mal aus – es ist ganz leicht! Schon schwieriger ist es, das Garn richtig zu halten. Es gibt zwei Möglichkeiten: Einmal wird das Garn in der rechten Hand gehalten (englische Variante), einmal in der linken (deutsche Variante). Das Ziel ist, den Faden immer gleichmäßig unter Spannung zu halten, denn dann wird deine Arbeit schön regelmäßig.

Es macht dabei übrigens keinen Unterschied, ob du Rechts- oder Linkshänder bist. Beim Stricken sind schließlich immer beide Hände beschäftigt. Viele Linkshänder bevorzugen aber die deutsche Variante, weil das Garn hierbei in der linken Hand gehalten wird.

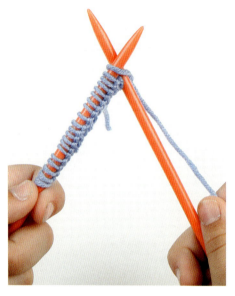

Das Garn halten – englische Variante

Bei der englischen Variante hältst du das Garn in der rechten Hand.

Lege den Faden, der zum Knäuel führt, um den kleinen Finger deiner rechten Hand. Der kleine Finger bestimmt, wie viel Garn mit welcher Geschwindigkeit abgewickelt wird, und hilft dir, beim Stricken immer dieselbe Spannung aufrechtzuerhalten (siehe S. 23).

Der Faden läuft dann unter dem Mittel- und Ringfinger entlang und über den Zeigefinger. Mithilfe des Zeigefingers kannst du den Knäuelfaden während des Strickens über die Stricknadeln legen. Wenn dir das am Anfang noch zu schwer ist, kannst du den Knäuelfaden auch einfach mit der rechten Hand greifen und ihn über die Stricknadel „werfen".

Das Garn halten – deutsche Variante

Bei der deutschen Variante hältst du das Garn in der linken Hand.

Lege den Faden, der zum Knäuel führt, um den kleinen Finger oder Mittelfinger deiner linken Hand. Der Faden läuft über deine anderen Finger weiter über den Zeigefinger. Dieser hilft dir, den Faden zu spannen.

Manche Menschen wickeln den Faden auch nur ein paar Mal um den Zeigefinger, aber dadurch wird das Gestrickte oft zu stramm.

Maschenanschlag

Jede Strickarbeit beginnt mit dem Anschlagen von Maschen. Du erhältst damit die Anschlagkante deiner Strickarbeit. Doch wie bekommst du deine ersten Maschen auf die Nadel? Es gibt viele Möglichkeiten. Für Anfänger ist der Daumenanschlag die einfachste Art. Als Erstes arbeitest du eine Anfangsschlinge, die gleichzeitig deine erste Masche ist. Los geht's!

Übrigens: Den Faden, der zum Wollknäuel führt, nennt man Knäuelfaden. Das andere Ende heißt schlicht Fadenende.

1. Lege das Garn von vorn nach hinten zweimal um Zeige- und Mittelfinger. Jetzt hast du einen Fadenring.

2. Stich eine Stricknadel von vorn in den Fadenring. Zieh mithilfe der Nadel den Knäuelfaden durch den Ring. Halte Fadenende und Nadel fest und lass den Fadenring von deinen Fingern rutschen.

3. Zieh vorsichtig am Knäuelfaden, um die entstandene Schlinge zu festigen.

4. Du hast deine erste Masche!

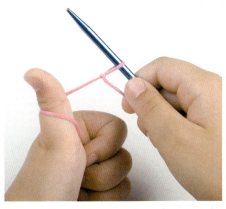

5. Halte die Stricknadel in der rechten Hand und schlinge den Knäuelfaden von vorn nach hinten um deinen linken Daumen.

6. Schiebe die Stricknadel von unten in die Schlaufe.

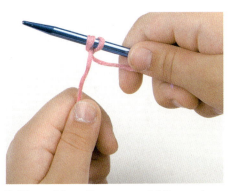

7. Nimm deinen Daumen vorsichtig aus der Schlaufe und zieh deine zweite Masche an der Stricknadel fest.

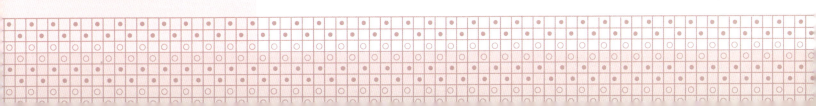

Rechte Maschen (re)

Es gibt beim Stricken nur zwei verschiedene Maschenarten: rechte und linke Maschen.

Rechte Maschen zu stricken ist am einfachsten. Schlage zunächst ein paar Maschen an (siehe vorherige Seite) oder bitte einen Erwachsenen, dir zu helfen. Nimm die Stricknadel, auf der die Maschen sind, in die linke Hand, die leere Nadel in die rechte. Ziel ist es, durch das Stricken alle Maschen einer Reihe von der linken auf die rechte Stricknadel zu bringen. Folge nun der Schritt-für-Schritt-Anleitung (siehe Bilder) und übe so lange, bis du mit der Technik vertraut bist.

Wenn du jede Reihe „rechts" (also nur rechte Maschen) strickst, dann ergibt das ein gefurchtes Muster. Es wird *kraus rechts* genannt und ist das einfachste Muster (siehe S. 24).

Das Muster *glatt rechts* erhältst du, wenn du abwechselnd eine Reihe rechte Maschen und eine Reihe linke Maschen strickst (siehe S. 24).

Englische Variante (Garn in der re. Hand)

1. Der Knäuelfaden liegt hinter deiner Arbeit. Stich die Spitze der rechten Stricknadel von links nach rechts in die nächste Masche der linken Stricknadel. Nun liegt die rechte Nadel hinter der linken.

2. Wickle den Knäuelfaden mithilfe deiner rechten Hand um die rechte Stricknadel – erst drunter durch, dann über die Spitze.

3. Zieh die dadurch entstandene Schlaufe nach unten durch die Masche der linken Stricknadel.

4. Lass die Schlaufe von der linken Stricknadel herunterrutschen, um deine Masche abzuschließen. Zieh sie ein wenig fest, indem du am Knäuelfaden ziehst. Die neu gestrickte Masche ist nun auf der rechten Stricknadel.

Wiederhole diese Schritte mit jeder Masche, bis alle Maschen von der linken auf die rechte Stricknadel gewandert sind. Damit ist die Reihe abgeschlossen.

Um eine neue Reihe anzufangen, tausche die Stricknadeln in deinen Händen. Nun sind die bereits gestrickten Maschen in der linken Hand und der Knäuelfaden ist wieder am Anfang.

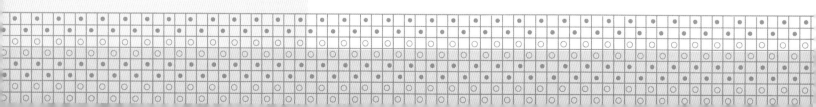

Deutsche Variante (Garn in der li. Hand)

1. Der Knäuelfaden liegt hinter deiner Arbeit. Stich die Spitze der rechten Stricknadel von links nach rechts in die nächste Masche der linken Stricknadel. Nun liegt die rechte Nadel hinter der linken.

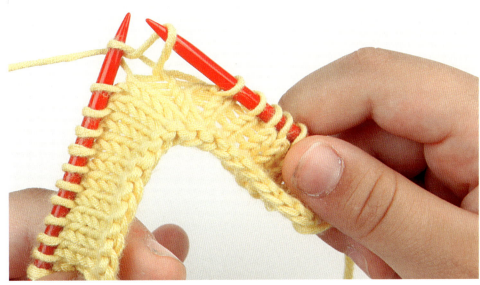

3. Zieh die so entstandene Schlaufe durch die Masche der linken Stricknadel. Die rechte Nadel wandert dabei von hinten nach vorn.

4. Lass die Schlaufe von der linken Nadel herunterrutschen, um deine Masche abzuschließen. Am besten hältst du die restlichen Maschen auf der linken Nadel dabei mit dem Daumen fest, damit sie nicht auch herunterrutschen. Die neu gestrickte Masche ist nun auf der rechten Nadel. Zieh sie ein wenig fest, indem du am Knäuelfaden ziehst.

Wiederhole diese Schritte mit jeder Masche, bis alle Maschen von der linken auf die rechte Nadel gewandert sind. Damit ist die Reihe abgeschlossen. Um eine neue Reihe anzufangen, tausche die Nadeln in deinen Händen. Nun sind die bereits gestrickten Maschen in der linken Hand und der Knäuelfaden ist wieder am Anfang.

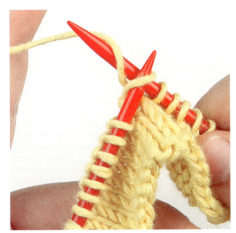

2. Nimm den Knäuelfaden mit der rechten Stricknadel hoch, indem du mit der Nadel drunter durchfährst.

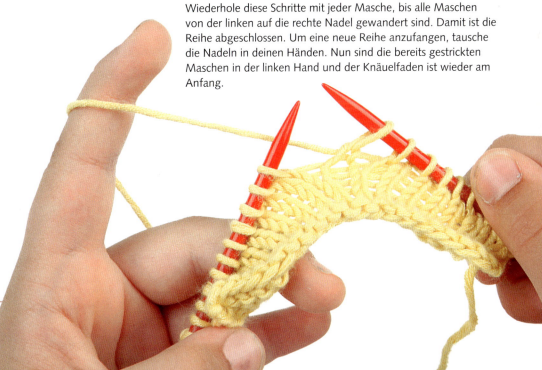

Linke Maschen (li)

Im Grunde ist die linke Masche das Gegenteil der rechten Masche. Zwar hältst du auch hier die Stricknadel mit den Maschen in der linken Hand, doch stichst du hier anders in die Maschen ein und legst das Garn vor die Arbeit.
Strickst du im Wechsel eine Reihe linke Maschen und eine Reihe rechte Maschen, erhältst du das Muster *glatt links* (siehe S. 24).

Englische Variante (Garn in der re. Hand)

1. Achte darauf, dass der Knäuelfaden vorn liegt. Stich die Spitze der rechten Stricknadel von rechts nach links in die nächste Masche der linken Stricknadel. Nun liegt die rechte Nadel vor der linken.

3. Zieh die Schlaufe nach hinten durch die Masche der linken Stricknadel. Dabei wandert die linke Stricknadel von vorn hinter die rechte Stricknadel.

2. Halte den Knäuelfaden vor deiner Arbeit. Lege ihn nun mithilfe deiner rechten Hand um die rechte Stricknadel: Führe ihn erst über, dann (von hinten nach vorn) um die Stricknadel herum. Du erhältst eine Schlaufe.

4. Lass die Schlaufe von der linken Stricknadel herunterrutschen, um deine Masche abzuschließen. Die neu gestrickte Masche ist nun auf der rechten Stricknadel.

Wiederhole diese Schritte mit jeder Masche, bis alle Maschen von der linken auf die rechte Stricknadel gewandert sind. Damit ist die Reihe abgeschlossen. Um eine neue Reihe anzufangen, tausche die Stricknadeln in deinen Händen. Jetzt hältst du die Maschen wieder in der linken Hand und der Knäuelfaden ist wieder am Anfang.

Strickst du nun eine Reihe rechte Maschen, ergibt das ein Muster in *glatt links*.

LINKE MASCHEN 21

Deutsche Variante (Garn in der li. Hand)

1. Achte darauf, dass der Knäuelfaden vorn liegt. Stich die Spitze der rechten Stricknadel von rechts nach links in die nächste Masche der linken Stricknadel. Nun liegt die rechte Nadel vor der linken.

2. Halte den Knäuelfaden mithilfe der linken Hand vor deiner Arbeit. Nimm ihn nun mit der rechten Stricknadel hoch. Der Faden läuft dabei von vorn um die Nadel herum nach hinten.

3. Zieh die dadurch entstandene Schlaufe nach hinten durch die Masche der linken Stricknadel. Dabei wandert die rechte Stricknadel von vorn nach hinten.

4. Lass die Schlaufe von der linken Stricknadel herunterrutschen, um deine Masche abzuschließen. Die neu gestrickte Masche ist nun auf der rechten Stricknadel.

Wiederhole diese Schritte mit jeder Masche, bis alle Maschen von der linken auf die rechte Stricknadel gewandert sind. Damit ist die Reihe abgeschlossen. Um eine neue Reihe anzufangen, tausche die Stricknadeln in deinen Händen. Jetzt hältst du die Maschen wieder in der linken Hand und der Faden ist wieder am Anfang.

Wenn du nun eine Reihe rechte Maschen strickst, ergibt das ein Muster in *glatt links*.

Abketten (abk)

Wenn du mit deiner Strickarbeit fertig bist, musst du die Maschen abketten, damit sich deine Arbeit nicht wieder aufribbelt!

1. Stricke zuerst zwei rechte Maschen (siehe S. 18).

3. Lass die erste Masche von beiden Nadeln rutschen. Die zweite Masche bleibt allein zurück.

2. Stich die Spitze der linken Stricknadel in die erste Masche, die du gestrickt hast, und zwar von links nach rechts. Hebe die erste Masche über die zweite Masche (in Richtung der Spitze der rechten Stricknadel).

4. Stricke eine weitere Masche, sodass wieder zwei Maschen auf der rechten Stricknadel sind. Wiederhole alle Schritte so lange, bis nur noch eine Masche auf der rechten Stricknadel übrig ist. Alle anderen Maschen sind nun abgekettet.

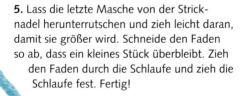

5. Lass die letzte Masche von der Stricknadel herunterrutschen und zieh leicht daran, damit sie größer wird. Schneide den Faden so ab, dass ein kleines Stück überbleibt. Zieh den Faden durch die Schlaufe und zieh die Schlaufe fest. Fertig!

Maschenprobe

Jeder strickt unterschiedlich stramm. Wer den Faden sehr straff spannt, erhält kleine Maschen und die Strickarbeit wird eher fest. Wer den Faden nicht so stark spannt, erhält große Maschen und ein lockeres Gestrick. Eine Maschenprobe wird gemacht, um sicherzugehen, dass du mit genau der Spannung strickst, die für die jeweilige Anleitung nötig ist.

Eine Maschenprobe ist besonders wichtig, wenn die Projekte so angelegt sind, dass die fertige Arbeit einer bestimmten Größe entspricht, z. B. bei Anziehsachen. Hältst du den Faden nicht straff genug, wird dein Kleidungsstück zu groß. Spannst du den Faden dagegen sehr fest, wird es wahrscheinlich zu klein.

Die Fadenspannung ist zum einen davon abhängig, wer strickt. Aber auch das Strickmuster, die Garnstärke und die Größe der Stricknadeln haben einen Einfluss darauf, wie fest oder locker deine Strickarbeit wird.

Schau dir die beiden Maschenproben unten auf der Seite an: Sie haben dieselbe Anzahl an Maschen und Reihen und sind mit der gleichen Wolle und denselben Stricknadeln gestrickt. Allerdings sind die Probestücke von zwei unterschiedlichen Menschen angefertigt worden. Die eine Person hält den Faden offenbar sehr viel lockerer als die andere, also ist ihre Maschenprobe deutlich größer.

So machst du eine Maschenprobe: Schau in der Anleitung nach, in welchem Strickmuster und mit welcher Nadelstärke du wie viele Maschen stricken sollst. Überprüfe, ob dein gestricktes Stück der angegebenen Größe von 10 x 10 cm entspricht.

Nun gibt es drei Möglichkeiten:

1. Dein Quadrat ist genau 10 x 10 cm groß. Dann kannst du bei der Nadelstärke bleiben.

2. Dein Quadrat ist größer als 10 x 10 cm. Das heißt, dass du recht locker strickst. Nimm die nächstkleinere Nadelstärke.

3. Dein Quadrat ist kleiner als 10 x 10 cm. Das heißt, dass du recht fest strickst. Nimm die nächstgrößere Nadelstärke.

So eine Maschenprobe kostet natürlich viel Zeit. Bei kleineren Projekten wie Accessoires oder Spielzeug kommt es nicht auf eine bestimmte Größe an. Du kannst dann ruhig auf eine Maschenprobe verzichten.

Strickmuster

Je nachdem, wie du rechte und linke Maschen kombinierst, ergeben sich verschiedene Strickmuster. Sie fühlen sich ganz unterschiedlich an und sehen auch ganz unterschiedlich aus. Auf dieser Doppelseite lernst du die vier Muster kennen, die in diesem Buch angewendet werden.

Kraus rechts

Wenn du in jeder Reihe ausschließlich rechte Maschen strickst, erhältst du ein gewelltes Strickbild, das *kraus rechts* genannt wird. Es ist das einfachste Strickmuster. Eine *kraus rechts* gestrickte Arbeit sieht von beiden Seiten gleich aus und ist flach und ebenmäßig. Daher eignet sich dieses Muster sehr gut für Schals oder das Stricken von Rändern.

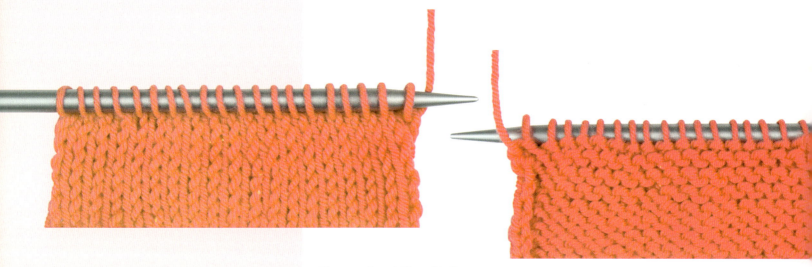

Glatt rechts / Glatt links

Wenn du abwechselnd eine Reihe rechte Maschen und eine Reihe linke Maschen strickst, erhältst du das Muster *glatt rechts* bzw. *glatt links*. Vorderseite und Rückseite des Gestricks sehen unterschiedlich aus: Die *glatt rechts* gestrickte Seite ist flach und die Maschen erinnern an kleine „V" (oben links).

Die *glatt links* gestrickte Seite ist uneben und hat eine strukturierte Oberfläche. Die Maschen bilden viele kleine Schlangenlinien (oben rechts).

Das Gestrick rollt sich an den Rändern leicht ein. Deshalb ist dieses Muster besonders für Projekte geeignet, die am Ende zusammengenäht werden.

Perlmuster

Bei diesem Muster strickst du in derselben Reihe abwechselnd rechte und linke Maschen. Da du für die rechte Masche das Garn hinter der Arbeit hast, für die linke jedoch davor, musst du den Faden nach jeder Masche umlegen. Das geht so: Hol den Faden nach einer rechten Masche zwischen den Stricknadeln hindurch nach vorn, um als Nächstes eine linke Masche stricken zu können. Nach einer linken Masche führst du den Faden zwischen den Nadeln hindurch zurück hinter die Arbeit. Jetzt kannst du wieder eine rechte Masche stricken. Wie du auf S. 24 gelesen hast, sieht eine rechte „V"-Masche auf der anderen Seite wie eine linke „Schlangen"-Masche aus. Das bedeutet hier, dass du in jeder Reihe eine rechte Masche über einer links aussehenden und eine linke über einer rechts aussehenden Masche strickst. Merke: Perle = V über Schlange und Schlange über V.

Rippenmuster

Auch hier strickst du in derselben Reihe abwechselnd rechte und linke Maschen. In den folgenden Reihen strickst du die Maschen aber so, wie sie aussehen, das heißt, die rechts aussehenden Maschen rechts und die links aussehenden Maschen links. Es entstehen vertikale Streifen. Merke: Rippe = V über V und Schlange über Schlange.

Maschen zu- und abnehmen

Um deiner Arbeit eine Form zu geben, musst du während des Strickens Maschen zu- oder abnehmen. Nimmst du mehr Maschen auf die Nadel, wird dein Strickstück breiter, strickst du Maschen zusammen, wird es schmaler.

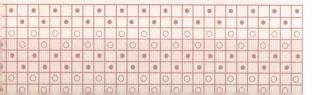

Zunehmen (zun)

1. Stich von links in die nächste Masche der linken Stricknadel ein und stricke eine rechte Masche. Lass die Masche der linken Stricknadel jedoch nicht herunterrutschen!

2. Der Knäuelfaden liegt nach wie vor hinten. Stich noch einmal in dieselbe Masche auf der linken Nadel. Stich diesmal aber in den hinteren Teil der Masche ein. Stricke eine zweite Masche und lass die Ausgangsmasche nun wie gewohnt von der linken Nadel rutschen.

3. Du hast aus einer Masche zwei gemacht, also eine Masche zugenommen.

Abnehmen (2rezus)

1. Stich die rechte Stricknadel von links nach rechts erst durch die zweite und dann durch die erste Masche der linken Stricknadel.

2. Stricke diese Maschen nun auf die übliche Weise (rechts) zusammen (= 2rezus) und lass beide Maschen von der linken Stricknadel rutschen.

3. Du hast aus zwei Maschen eine gemacht, also eine Masche abgenommen.

Umschlag (U)

Wenn du den Knäuelfaden einmal um die Stricknadel legst, nennt man das *einen Umschlag machen*. Dadurch entsteht ein kleines Loch in der Arbeit, das du z. B. als Knopfloch nutzen kannst, und eine zusätzliche Masche. Wenn du nur das Loch, aber keine neue Masche haben möchtest, musst du direkt nach dem Loch zwei Maschen zusammenstricken, um die zusätzliche Masche wieder abzunehmen (siehe S. 26).

1. Führe den Knäuelfaden zwischen den Stricknadeln hindurch nach vorn. Lege den Knäuelfaden über die rechte Stricknadel und halte ihn hinter der Arbeit.

2. Stricke eine rechte Masche. Stricke im vorgegebenen Muster bis zum Ende der Reihe weiter.

3. Stricke in der nächsten Reihe eine linke Masche in die Schlaufe des Lochs, als wäre sie eine normale Masche. Führe das vorgegebene Muster bis zum Ende der Reihe fort.

4. Dort, wo du das Garn um die Stricknadel gelegt hast, ist ein kleines Loch entstanden. Es eignet sich prima als Knopfloch oder um ein Band durchzuziehen.

Farbwechsel

Wenn du etwas Gestreiftes stricken möchtest oder dein Wollknäuel zu Ende ist, kannst du am Anfang der nächsten Reihe ein neues Knäuel anfangen.

1. Schlinge mit dem neuen Garn einen losen Knoten um den Restfaden des andersfarbigen Garns.

2. Schiebe den Knoten dicht an die Maschen heran und zieh ihn fest. Stricke die nächste Reihe mit dem neuen Garn.

Tipp: Fäden mitziehen

Wenn du die Farbe wechselst, schneide den Faden nicht jedes Mal ab. Führe die Fäden lieber an der Seite deiner Strickarbeit mit. Achte darauf, dass du sie weder zu locker hängen lässt noch zu stramm anziehst. Ist dein Strickstück fertig, schneidest du alle Fäden so ab, dass noch ca. 4 cm übrig sind. Mit der Stopfnadel vernähst du sie, indem du sie vorsichtig durch das Gestrickte ziehst.

Maschen aufnehmen

Manchmal musst du eine saubere Kante an eine fertige Strickarbeit anstricken, damit der Rand ordentlich aussieht. Dafür musst du wissen, wie man die Maschen für diese Kante erhält: Das nennt man Maschen aufnehmen. Drehe das Gestrick vorher immer auf rechts (also so, dass du auf die „schöne" Seite deiner Arbeit schaust) und versuche, die Maschen in gleichmäßigen Abständen aufzunehmen.

Zusammennähen

Kraus rechts Gestricktes oder Teile im *Perlmuster* nähst du am besten mit dem *überwendlichen Stich* zusammen. Bei *glatt rechts* gestrickten Teilen verwendest du den *Matratzenstich*. Lege dazu beide Strickteile mit der glatt rechten Seite nach oben nebeneinander. Zieh nun die Nadel immer abwechselnd unter zwei querliegenden Maschen der einen und der anderen Kante durch.

1. Halte die Stricknadel in deiner rechten Hand. Stich nun von vorn nach hinten an der Stelle durch den Rand deiner Arbeit, an der du Maschen aufnehmen möchtest.

2. Lege einen neuen Faden um die Stricknadel, als wolltest du eine rechte Masche stricken.

3. Zieh eine Schlaufe durch das Gestrick nach vorn. Schon hast du deine erste Masche aufgenommen.

Führe diese Arbeitsschritte entlang des Randes fort, bis alle Maschen aufgenommen sind. Fertig! Jetzt kannst du an diesen Maschen so weiterarbeiten, wie in der Anleitung für deine Strickarbeit beschrieben.

1. Befestige beim *überwendlichen Stich* den Wollfaden, mit dem du nähen willst, mit ein paar kleinen Stichen an einem der beiden Strickteile. Lege nun die beiden Strickteile mit der Außenseite nach oben nebeneinander. Schiebe die Nadel von vorn durch den Rand des einen Teils und dann von hinten nach vorn durch den Rand des anderen Teils.

2. Wiederhole diesen Stich entlang der ganzen Naht.

Bommel oder Pompons

Bommel machen ist ganz leicht. Wie du sie mit einem Bommelmacher machen kannst, siehst du auf den Bildern. Mit Ringen aus Pappe geht es aber genauso gut! Schneide dafür 2 gleich große Pappkreise in der gewünschten Bommelgröße aus. Schneide in beide Scheiben kreisrunde Löcher in die Mitte und lege sie aufeinander. Umwickle sie mit doppelt gelegtem Faden, bis das Loch vollständig ausgefüllt ist. Schneide das Garn zwischen den Pappscheiben auf, lege einen Faden dazwischen, verknote ihn und zieh die Pappscheiben ab. Pappringe müssen für jeden Bommel neu gemacht werden. Ein Pompon-Set aus Plastik hat den Vorteil, dass du es immer wieder verwenden kannst.

Noch ein kleiner Tipp: Schneide den Faden zum Verknoten vorab zu und lege ihn ebenfalls doppelt. Du hast ihn dann schnell zur Hand und er reißt nicht so leicht.

1. Wickle Garn um beide Hälften des Bommelmachers.

2. Schiebe die beiden Hälften zusammen, sodass ein Kreis entsteht. Schneide vorsichtig die Schlaufen außen am Kreis auf. Achte darauf, dass du keine Schlaufen vergisst.

3. Lege einen Faden um die Mitte des Bommels und verknote ihn. Wickle ihn ruhig mehrmals herum und verknote ihn noch einmal, damit der Bommel auch wirklich gut zusammengehalten wird.

4. Zieh den Bommelmacher jetzt ab.

5. Sollten noch zu lange Enden aus dem Bommel hervorschauen, schneide sie auf die richtige Länge, bis du einen schönen, gleichmäßigen Bommel hast.

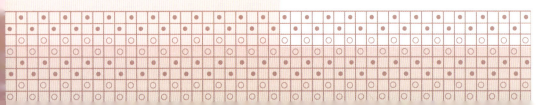

Fransen

Mit Fransen kannst du Schals, Gürtel und vieles mehr verzieren. Du kannst sie zu Zöpfen flechten oder mit ihrer Hilfe eine wilde Haarmähne basteln.

2. Schneide die Schlaufen am einen Ende der Pappe auf. Jetzt kannst du die Pappe vorsichtig entfernen. Die Fäden bleiben in der Mitte gefaltet.

4. Zieh das Schlaufenende ein kleines Stück durch deine Strickarbeit.

1. Wickle ein wenig Garn um ein Stück Pappe, das dieselbe Länge hat wie die Fransen, die du machen möchtest. So werden alle deine Fransen gleich lang.

5. Steck das Fransenende durch die Schlaufe.

3. Stich eine Häkelnadel an der Stelle durch deine Strickarbeit, an der die Fransen hängen sollen. Fasse das Schlaufenende deiner Fransen mit der Häkelnadel.

6. Zieh das Fransenende fest.

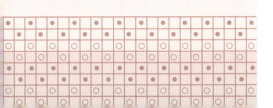

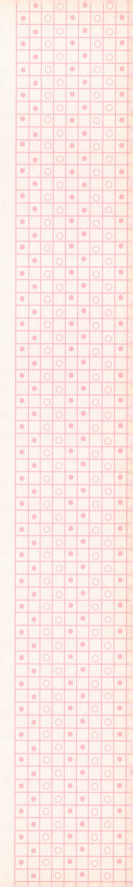

Kapitel 2

Warm und gemütlich

Loop-Schal

Es ist kaum zu glauben, aber dieser Loop-Schal ist noch einfacher zu stricken als ein normaler Schal. Da der Loop-Schal insgesamt kürzer ist, wirst du damit viel schneller fertig.

Maße
Einheitsgröße, ca. 18 cm breit und 46 cm Umfang

Garn
100 g = 1 Knäuel
LANG YARNS MILLE BIG
(50 % Schurwolle, 50 % Polyacryl; ca. 100 m / 100 g):
864.0079 türkis fluo

Alternatives Garn
Den Schal kannst du mit jedem Garn stricken, das sich für Nadelstärke 9 mm eignet.

Maschenprobe
Um einen Schal in der angegebenen Größe zu stricken, solltest du mit 9 mm Stricknadeln in *kraus rechts* folgende Maschenprobe erhalten:
11 M und 18 R = 10 x 10 cm

Du brauchst:
- ein Paar 9 mm Stricknadeln
- Stopfnadel
- evtl. Band zum Verzieren

Loop-Schal

Schlage mit den 9 mm Stricknadeln 20 M an. Stricke 46 cm (oder die von dir gewünschte Länge) *kraus rechts* (siehe S. 24).

Kette alle M ab.

Fertigstellung

Nähe die beiden kurzen Seiten des Schals zusammen (siehe S. 29), um einen geschlossenen Kreis (= Loop) zu erhalten. Wenn du möchtest, kannst du nun ein buntes Band als Deko durch deinen Schal fädeln. Trage den Schal so, wie er ist, oder schlage ihn um wie einen Rollkragen.

Mütze mit Flechtzöpfen

Diese einfache Strickanleitung eignet sich wunderbar dafür, die Maschenzunahme und -abnahme zu üben. Du kannst ein- oder zweifarbig stricken und deine Mütze mit lustigen Flechtzöpfen verzieren, wenn du magst. Aber natürlich kannst du deine Mütze auch einfach ganz schlicht tragen!

Maße
S (M, L) für einen Kopfumfang von 46 (51, 56) cm

Garn
LANG YARNS OMEGA +
(50 % Polyamid, 50 % Polyacryl; ca. 75 m / 50 g):

Garn A:
100 (150, 150) g =
2 (3, 3) Knäuel
764.0085 pink

Garn B:
50 (50, 50) g =
1 (1, 1) Knäuel
764.0013 gelb

Alternatives Garn
Um eine Mütze in den angegebenen Größen zu erhalten, kannst du jedes Garn verwenden, das sich für Nadelstärken 4,5–5,0 mm eignet.

Maschenprobe
Damit die Größen ungefähr passen, solltest du mit 5,0 mm Stricknadeln in *glatt rechts* folgende Maschenprobe erhalten:
18 M und 24 R = 10 x 10 cm

Du brauchst:
- ein Paar 4,5 mm Stricknadeln
- ein Paar 5 mm Stricknadeln
- Stopfnadel
- Pappe für das Flechten der Zöpfe

Mütze
Schlage 82 (90, 98) M mit den 4,5 mm Stricknadeln und Garn A an.

R 1: 2re, (2li, 2re) wdh bis zum Ende der R.

R 2: 2li, (2re, 2li) wdh bis zum Ende der R.

Wdh die letzten beiden R noch zweimal = 6 R gestrickt.

Wechsle zu den größeren Stricknadeln und fahre folgendermaßen fort:

R 7: re.

R 8: li.

Stricke nun weiter *glatt rechts*, wie in R 7 und 8, bis deine Mütze 14 (15, 15) cm (ab Anschlagkante) misst.

Abnahme für die Spitze

R 1: (4re, 2rezus) bis nur noch 4 (0, 2) M auf der Nadel sind, 4 (0, 2) re = 69 (75, 82) M

R 2: li.

R 3: re.

R 4: li.

R 5: (3re, 2rezus) bis auf die letzten 4 (0, 2) M, 4 (0, 2) re = 56 (60, 66) M

R 6: li.

R 7: (2re, 2rezus) bis auf die letzten 4 (0, 2), 4 (0, 2) re = 43 (45, 50) M

R 8: li.

R 9: (1re, 2rezus) bis auf die letzten 4 (0, 2), 4 (0, 2) re = 30 (30, 34) M

R 10: li.

R 11: (2rezus) bis zum Ende der R = 15 (15, 17) M

R 12: li.

Kette die M nicht ab, sondern schneide das Garn so ab, dass ein etwa 20 cm langer Faden übrig bleibt. Führe den Faden mithilfe einer Stopfnadel durch die restlichen 15 (15, 17) M und zieh ihn fest – so raffst du die Maschen zu einem Kreis (der Mützenspitze) zusammen. Nähe mit dem Rest des Fadens die seitlichen Ränder deiner Mütze zusammen – am besten im *Matratzenstich* (siehe S. 29).

Zöpfe

(Mache 2 Stück)

Schneide ein Stück Pappe so zu, dass es 40 cm lang ist. Wickle Garn B 12-mal von unten nach oben um die lange Seite der Pappe. Schneide die Schlaufen am unteren Ende auf und nimm das Garn vorsichtig ab. Die Fäden sollten dabei in der Mitte gefaltet bleiben. Zieh einen weiteren Faden durch die oberen Schlaufen und verknote ihn, um deine Fransen zusammenzuhalten. Frage einen Freund, ob er dir hilft und das obere Ende der Fransen festhält, während du die 24 Fäden in drei gleiche Partien teilst und beginnst, sie zu einem Zopf zu flechten. Verknote das Zopfende, damit sich der Zopf nicht wieder löst.

Fertigstellung

Nähe deine Zöpfe von innen an die Mütze. Achte dabei darauf, dass die Naht hinten ist.

Schlangen- oder Katzenschal

Mit einem Kopf auf der einen und einem Schwanz auf der anderen Seite wird aus einem einfachen Schal ein lustiges Tier. Jetzt noch ein paar Knöpfe als Augen, Filz oder Stoff für die Ohren und die Zunge – fertig!

Maße
Einheitsgröße, ca. 12,5 cm breit und so lang, wie du möchtest

Garn
LANG YARNS MERINO + (100 % Schurwolle; ca. 90 m / 50 g):

Schlange:
Garn A: 100 g = 2 Knäuel 152.0198 helloliv
Garn B: 50 g = 1 Knäuel 152.0049 gelb

Katze:
Garn A: 100 g = 2 Knäuel 152.0259 orange
Garn B: 50 g = 1 Knäuel 152.0296 grau mélange

Alternatives Garn
Um den Schal in der angegebenen Breite zu stricken, kannst du jedes Garn verwenden, das sich für Nadelstärke 4,5 mm eignet.

Maschenprobe
Für den Schal ist die Maschenprobe nicht so wichtig. Um einen Schal in der angegebenen Größe zu stricken, solltest du mit 4,5 mm Nadeln im *Perlmuster* folgende Maschenprobe erhalten: 18 M und 24 R = 10 x 10 cm

Du brauchst:
- ein Paar 4,5 mm Stricknadeln
- Knöpfe für die Augen
- etwas Filz, z. B. für die Zunge und Ohren
- Stopfnadel
- Nähnadel und Faden

Schal
Schlage 3 M mit der 4,5 mm Stricknadel und Garn A an.

R 1: 1re, 1li, 1re.
R 2: 1zun, 1li, 1zun = 5 M
R 3: 1li, (1re, 1li) bis zum Ende der R.
R 4: 1zun, 1re, 1li, 1re, 1zun = 7 M
R 5: 1re, (1li, 1re) bis zum Ende der R.

Ab hier geht's weiter im *Perlmuster*.

R 6: 1zun, 1li, stricke im *Perlmuster* bis zur letzten M, 1zun = 9 M
R 7: 1li, (1re, 1li) bis zum Ende der R.
R 8: 1zun, 1re, stricke im *Perlmuster* bis zur letzten M, 1zun = 11 M
R 9: 1re, (1li, 1re) bis zum Ende der R.
R 10: 1zun, 1li, stricke im *Perlmuster* bis zur letzten M, 1zun = 13 M
R 11: 1li, (1re, 1li) bis zum Ende der R.
R 12: 1zun, 1re, stricke im *Perlmuster* bis zur letzten M, 1zun = 15 M
R 13: 1re, (1li, 1re) bis zum Ende der R.
R 14: 1zun, 1li, stricke im *Perlmuster* bis zur letzten M, 1zun = 17 M
R 15: 1li, (1re, 1li) bis zum Ende der R.
R 16: 1zun, 1re, stricke im *Perlmuster* bis zur letzten M, 1zun = 19 M
R 17: 1re, (1li, 1re) bis zum Ende der R.
R 18: 1zun, 1li, stricke im *Perlmuster* bis zur letzten M, 1zun = 21 M
R 19: 1li, (1re, 1li) bis zum Ende der R.

R 20: 1zun, 1re, stricke im *Perlmuster* bis zur letzten M, 1zun = 23 M

R 21: 1re, (1li, 1re) bis zum Ende der R.

Wdh R 21 für weitere 6 cm.

Wechsle zu Garn B und stricke 6 cm wie in R 21.

Wechsle zu Garn A und stricke 6 cm wie in R 21.

Stricke weiter wie in R 21 beschrieben und wechsle dabei alle 6 cm die Farbe, bis der Schal ungefähr 100 cm lang ist – oder so lang, wie du ihn gern haben möchtest. Benutze zum Schluss Garn B.

Wechsle zu Garn A und stricke 4 R im selben Muster weiter.

So formst du den Kopf:

R 1: Nimm auf beiden Seiten der R eine M zu (siehe S. 26), bleibe dabei im *Perlmuster* = 25 M

R 2: Stricke im *Perlmuster*, ohne zuzunehmen.

Wdh die letzten beiden R, bis du 31 M auf der Nadel hast.

Stricke 15 R im *Perlmuster*.

Nächste R: 2rezus, stricke im *Perlmuster* bis zum Ende der R, 2rezus = 29 M

Nächste R: Stricke im *Perlmuster* gerade weiter.

Wdh die letzten beiden R, bis nur noch 17 M auf der Nadel sind.

Kette alle M ab.

Fertigstellung

Nähe zwei Knöpfe als Augen auf das Kopfende des Schals. Für ein Schlangengesicht schneidest du ein Stück Filz zu einer gespaltenen Zunge und nähst diese an dasselbe Ende.

So verwandelst du deinen Schal in eine Katze:

Schneide ein Paar Ohren und eine Katzenzunge aus Filz aus und nähe diese an das Kopfende des Schals. Wenn du möchtest, kannst du auch noch eine Nase und einen Mund für die Katze sticken und ihr Schnurrhaare machen.

Ohrenschützer

Falls du keine Mützen magst, aber kalte Ohren trotzdem doof findest, sind Ohrenschützer genau das Richtige für dich! Sie sind übrigens auch hilfreich, wenn deine Freunde mal wieder alle gleichzeitig plappern.

Maße

Einheitsgröße, ca. 46 cm vom unteren Rand des einen Ohrenschützers über das Band zum unteren Rand des anderen Ohrenschützers. (Wie du die Ohrenschützer passend für deinen Kopf machst, erfährst du am Ende der Anleitung.)

Garn

Je 50 g = 1 Knäuel
LANG YARNS MERINO 120
(100 % Schurwolle;
ca. 120 m / 50 g):

Garn A: 34.0085 pink
Garn B: 34.0245 flieder
Garn C: 34.0178 türkis
Garn D: 34.0416 grün
Garn E: 34.0049 gelb

Alternatives Garn

Für die Ohrenschützer kannst du jedes Garn verwenden, das sich für Nadelstärke 4 mm eignet.

Maschenprobe

Um die Ohrenschützer in der beschriebenen Größe zu stricken, solltest du mit 4 mm Stricknadeln in *glatt rechts* folgende Maschenprobe erhalten:
22 M und 30 R = 10 x 10 cm

Du brauchst:

- ein Paar 4 mm Stricknadeln
- Stopfnadel
- Füllmaterial

Band

Schlage 12 M mit den 4 mm Stricknadeln und Garn A an. Stricke im Anschluss *kraus rechts*. Wechsle immer nach 2 R die Farbe, bis das Band ca. 25 cm lang ist. Schneide dabei die Fäden nicht ab, sondern führe sie seitlich am Strickstück mit (siehe S. 28).

Kette alle M ab.

Ohrenschützer

Die Ohrenschützer setzen sich aus jeweils 2 Halbkugeln zusammen. Stricke deshalb insgesamt 4 Stück.

Schlage 63 M mit 4 mm Stricknadeln und Garn A an.

R 1: li.

Wechsle zu Garn B.

R 2: (7re, 2rezus) bis zum Ende der R = 56 M

R 3: (und jede ungerade R): li.

R 4: (6re, 2rezus) bis zum Ende der R = 49 M

Wechsle nach der nächsten ungeraden R zu Garn C.

R 6: (5re, 2rezus) bis zum Ende der R = 42 M

R 8: (4re, 2rezus) bis zum Ende der R = 35 M

Wechsle nach der nächsten ungeraden R zu Garn D.

R 10: (3re, 2rezus) bis zum Ende der R = 28 M

R 12: (2re, 2rezus) bis zum Ende der R = 21 M

Wechsle nach der nächsten ungeraden R zu Garn E.

R 14: (re, 2rezus) bis zum Ende der R = 14 M
R 16: (2rezus) bis zum Ende der R = 7 M

Schneide den Faden so ab, dass noch ca. 20 cm hängen bleiben. Fädele ihn durch die restlichen Maschen und zieh sie zusammen, um einen Kreis zu formen. Nähe jetzt die Seiten zusammen. Deine erste Halbkugel ist fertig!

Stricke dieselbe Arbeit noch einmal in gestreift und – für die Rückseite deiner Ohrenschützer – zweimal ohne Streifen, nur mit Garn E.

Schnur

Stricke 2 Bänder mit den Fingern (jeweils ca. 50 cm lang).

Mit den Fingern stricken – so geht's:
Lege eine Fadenschlaufe um deinen Zeigefinger. Lege eine zweite Schlaufe um deinen Finger, diesmal näher am Ende des Fingers. Zieh die erste Schlaufe über die zweite Schlaufe und lass sie vom Finger rutschen, ohne die zweite Schlaufe fallen zu lassen – so, als würdest du Maschen abketten. Lege erneut eine Schlaufe um deinen Finger, wieder näher am Ende des Fingers. Zieh die erste Schlaufe über die zweite und lass sie vom Finger rutschen, ohne die zweite Schlaufe fallen zu lassen. Wiederhole dies, bis das gestrickte Band ca. 50 cm lang ist. Natürlich kannst du auch 2 Kordeln drehen.

Fertigstellung

Lege je eine gestreifte Halbkugel auf eine einfarbige, sodass beide rechts gestrickten Seiten nach außen zeigen. Nähe sie entlang der Ränder zusammen und lass dabei ein kleines Loch offen. Stopfe die Ohrenschützer mit dem Füllmaterial und nähe das Loch zu. Nähe den ersten Ohrenschützer an das Band und halte beides an deinen Kopf. Ist die Länge gut so, kannst du auch den zweiten Ohrenschützer annähen. Achte darauf, dass die gestreiften Seiten nach außen zeigen. Wenn das Band zu lang ist, solltest du es etwas aufribbeln, bevor du den zweiten Ohrenschützer annähst. Nähe die Schnüre von unten an die Ohrenschützer.

Mütze mit Ohrenklappen

Mit dieser kunterbunten Mütze kommt die gute Laune von ganz allein – und außerdem hast du es immer schön warm um die Ohren. Weil das Garn in sich gemustert ist, musst du für die lustigen Streifen nicht mal die Wolle wechseln. Praktisch, oder?

Maße

Größe M: ca. 50 cm Kopfumfang
Größe L: ca. 54 cm Kopfumfang

Die Angaben für Größe L stehen in Klammern; steht in der Anleitung nur eine Zahl, gilt sie für beide Größen.

Garn

100 g = 2 Knäuel CRYSTAL PALACE YARNS MOCHI PLUS (80 % Schurwolle, 20 % Nylon; ca. 87 m / 50 g): 551 regenbogen

Alternatives Garn

Für die Mütze kannst du jedes Garn verwenden, das sich für Nadelstärke 5 mm eignet.

Maschenprobe

Um eine Mütze in der beschriebenen Größe zu stricken, solltest du mit 5 mm Stricknadeln in *glatt rechts* folgende Maschenprobe erhalten:
18 M und 24 R = 10 x 10 cm

Du brauchst:

- ein Paar 5 mm Stricknadeln
- Hilfsnadeln
- Stopfnadel

Ohrenklappen

(Stricke 2 Stück)

Schlage 6 M mit den 5 mm Stricknadeln an.

R 1 (IS): li.

R 2: 1zun, re bis zum Ende, 1zun.

Wdh die letzten 2 R, bis du 18 M auf der Nadel hast.

Nächste R: li.

Zieh die Ohrenklappe auf eine Hilfsnadel und lege sie zur Seite. Stricke die zweite Ohrenklappe genauso.

Mütze

Schlage 12 (14) M mit den 5 mm Stricknadeln an. Nimm die erste Ohrenklappe (die rechte Seite sollte nach vorn zeigen) und stricke re über die 18 M der ersten Ohrenklappe. Schlage weitere 32 (36) M an, nimm die zweite Ohrenklappe dazu und stricke re über die 18 M der zweiten Klappe. Schlage nochmals 12 (14) M an = 92 (100) M

R 1 (IS): li.

R 2: re.

Stricke *glatt rechts* über alle 92 (100) M weiter, bis deine Arbeit 12 (14) cm lang ist. Miss dabei ab dem neu angeschlagenen Maschenrand. Ende mit einer R 1.

Abnahme für die Spitze

R 1: (4re, 2rezus) bis auf die letzten 2 (4) M, 2 (4) re = 77 (84) M

Stricke 3 R *glatt rechts* und beginne dabei mit einer links gestrickten R.

R 5: (3re, 2rezus) bis auf die letzten 2 (4) M, 2 (4) re = 62 (68) M

Stricke 3 R *glatt rechts* und beginne dabei mit einer links gestrickten R.

R 9: (2re, 2rezus) bis auf die letzten 2 (4) M, 2 (4) re = 47 (52) M

R 10 (und alle geraden R): li.

R 11: (1re, 2rezus) bis auf die letzten 2 (4) M, 2 (4) re = 32 (36) M

R 13: (2rezus) bis zum Ende der R = 16 (18) M

Stricke über diese M für weitere 3 cm *glatt rechts* weiter. Stricke nun 2rezus bis zum Ende der R = 8 (9) M

Schneide den Faden ab. Fädele ihn durch die restlichen Maschen und zieh sie fest zusammen.

Fertigstellung

Leg die Mütze mit der rechts gestrickten Seite nach oben vor dich hin. Die Spitze zeigt zu dir. Nimm von rechts nach links aus der Mützenkante 107 (115) M auf (siehe S. 28). Wende deine Mütze. Die links gestrickte Seite liegt nun oben.

R 1 (IS): (1 re, 1 li), ende mit 1 M re.

R 2, 3 und 4: im *Rippenmuster* stricken.

Kette die M locker im *Rippenmuster* ab und nähe die Seitenränder im *Matratzenstich* (siehe S. 29) zusammen.

Schalmütze

Diese kuschelige Mütze hält nicht nur deine Ohren warm, sondern auch noch deinen Hals.

Maße

Passt 6- bis 8-jährigen
(9- bis 10-jährigen) Kindern

Garn

100 g = 2 Knäuel
LANG YARNS OMEGA (50 % Polyamid, 50 % Polyacryl; ca. 130 m / 50 g):
745.0079 türkisblau

Alternatives Garn

Um eine Mütze in der angegebenen Größe zu stricken, kannst du jedes Garn verwenden, das sich für Nadelstärke 4 mm eignet.

Maschenprobe

Mit 4 mm Stricknadeln in *glatt rechts* solltest du folgende Maschenprobe erhalten:
22 M und 28 R = 10 x 10 cm

Du brauchst:

- ein Paar 4 mm Stricknadeln
- ein Paar 3,5 mm Stricknadeln
- Hilfsnadeln
- Stopfnadel

Mütze

Schlage 73 (83) M mit den 4 mm Stricknadeln an.

R 1: 2re, (1li, 1re) bis auf die letzte M, 1re.

R 2: 2li, (1re, 1li) bis auf die letzte M, 1li.

Wdh die letzten beiden R für weitere 2 cm, ende mit einer R 2.

Wechsle zu den kleineren Stricknadeln und stricke weitere 6 (7) cm im *Rippenmuster* (wie in R 1 und R 2 beschrieben), ende mit einer R 2.

Nächste R: Stricke im *Rippenmuster* bis auf die letzten 9 (11) M. Wende, schiebe die restlichen 9 (11) M unbearbeitet auf eine Hilfsnadel.

Nächste R: Stricke im *Rippenmuster* bis auf die letzten 9 (11) M. Wende, schiebe die restlichen 9 (11) M wieder unbearbeitet auf eine Hilfsnadel = 55 (61) M

Nächste R: Stricke 3 M im *Rippenmuster*, (1zun, stricke 6 (5) M im *Rippenmuster*) bis auf die letzten 3 (4) M, 1zun, weiter im *Rippenmuster* bis zum Ende der R = 63 (71) M

Nächste R: li.

Wechsle wieder zu den größeren Stricknadeln.

R 1: re.

R 2: li.

Stricke *glatt rechts* weiter, bis deine Arbeit 23 (27) cm lang ist (von den Anschlagmaschen aus gemessen). Ende mit einer links gestrickten R.

Nächste R: Kette 21 (24) M ab, stricke re bis zum Ende der R.

Nächste R: Kette 21 (24) M ab, stricke li bis zum Ende der R.

Stricke mit den übrigen 21 (23) M *glatt rechts* weiter, bis dieses Mittelstück genauso lang ist wie die eben abgeketteten Ränder.

Kette alle übrigen M ab.

Fertigstellung

Nähe die beiden Seiten des Mittelstücks im *Matratzenstich* (siehe S. 29) an die abgeketteten Maschen an.

Rand

Um einen sauberen Rand um den Teil der Mütze zu arbeiten, der dein Gesicht einrahmt, musst du zunächst Maschen aufnehmen (siehe S. 28).

Schiebe die 9 (11) M von der Hilfsnadel auf die 3,5 mm Stricknadel, die rechte Seite zeigt dabei nach außen. Schließe den Faden wieder an und nimm entlang der ganzen Länge des Strickstücks M auf.

Stricke re über die 41 (43) M des Seitenteils, die 19 (21) M des Mittelteils und die 41 (43) M des zweiten Seitenteils. Stricke im *Rippenmuster* über die M auf der zweiten Hilfsnadel = 119 (129) M

Beginne eine zweite R: Stricke 7 (9) R über alle M im *Rippenmuster* wie in R 1–2 ganz am Anfang dieser Anleitung beschrieben.

Kette alle M ab.

Nähe die Ränder am Hals zusammen, um den „Schalkragen" der Mütze zu einem Kreis zu schließen. Dies machst du am besten ebenfalls mit dem *Matratzenstich*.

Maus-Fausthandschuhe

Diese Mäuse halten deine Finger warm und begleiten dich überallhin – so hast du immer etwas zum Spielen dabei! Wenn du magst, kannst du dir auch für jede Hand ein anderes Tier stricken.

Maße
Passend für 9- bis 11-jährige Kinder; Handumfang 17 (19) cm

Garn
Je 50 g = 1 Knäuel
LANG YARNS MERINO 150
(100 % Schurwolle; ca. 150 m / 50 g):

Garn A: 197.0270 dunkelgrau mélange
Garn B: 197.0009 rosé

Alternatives Garn
Die Maushandschuhe kannst du mit jedem Garn stricken, das sich für Nadelstärke 3,5 mm eignet.

Maschenprobe
Damit die Größen ungefähr passen, solltest du mit 3,5 mm Stricknadeln in *glatt rechts* folgende Maschenprobe erhalten: 24 M und 32 R = 10 x 10 cm

Du brauchst:
- ein Paar 3,5 mm Stricknadeln
- ein Paar 3,0 mm Stricknadeln
- Stopfnadel
- Knöpfe für die Augen

Handschuhe
(Stricke 2 Stück)

Schlage 41 (45) M mit den 3,0 mm Stricknadeln und Garn A an.

R 1 (AS): 2re, (1li, 1re) bis zur letzten M, 1re.

R 2: 2li, (1re, 1li) bis zur letzten M, 1li.

Wdh die letzten beiden R, bis das Strickstück im *Rippenmuster* 4 cm lang ist, ende mit einer R 2.

Wechsle zu den größeren Stricknadeln und stricke 6 (8) R *glatt rechts*, beginne dabei mit einer rechten R.

Zunahme für den Daumen

R 1: 19 (21) re, 1zun, 1re, 1zun, re bis zum Ende der R = 43 (47) M

R 2 (und alle geraden R): li.

R 3: 19 (21) re, 1zun, 3re, 1zun, re bis zum Ende der R = 45 (49) M

R 5: 19 (21) re, 1zun, 5re, 1zun, re bis zum Ende der R = 47 (51) M

R 7: 19 (21) re, 1zun, 7re, 1zun, re bis zum Ende der R = 49 (53) M

Nächste R: li.

Nächste R: 30 (34) re, 1 M anschlagen, wende, lass die übrigen 19 M unbearbeitet.

Nächste R: 12 (14) li, 1 M anschlagen, wende und stricke für 4 cm nur über diese 13 (15) M, ende mit einer links gestrickten R.

Die Daumenspitze formen

Nächste R: (1re, 2rezus) bis auf die letzte 1 (0) M, 1 (0) re = 9 (10) M

Nächste R: li.

Nächste R: 1 (0) re, (2rezus) bis zum Ende = 5 M

Schneide das Garn durch und führe den Restfaden durch die übrigen Maschen, zieh ihn fest und vernähe den Faden. Nähe die beiden Seiten des Daumens zusammen.

Hand

Verbinde die Arbeit an der Daumengrundlinie wieder, indem du den Faden aufnimmst und 3 M anschlägst. Stricke weiter re über die übrigen, unbearbeiteten 19 (21) M der linken Nadel.

Stricke eine ganze R li = 41 (45) M

Stricke 5 (6) cm *glatt rechts* weiter, ende mit einer linken R.

Das Oberteil des Handschuhs formen

R 1: (1re, 2rezus, 15 (17) re, 2rezus) zweimal, 1re = 37 (41) M

R 2 (und jede gerade R): li.

R 3: (1re, 2rezus, 13 (15) M, 2rezus) zweimal, 1re = 33 (37) M

R 5: (1re, 2rezus, 11 (13) re, 2rezus) zweimal, 1re = 29 (33) M

R 7: (1re, 2rezus, 9 (11) re, 2rezus) zweimal, 1re = 25 (29) M

Nimm weiter gleichmäßig 4 M ab wie oben beschrieben, bis du nur noch 17 M übrig hast.

Schneide das Garn durch und führe den Restfaden durch die übrigen M, zieh ihn fest und nähe die Seitenränder zusammen. Besonders schön wird deine Seitennaht, wenn du den *Matratzenstich* (siehe S. 29) verwendest.

Ohr (Außenseite)

(Stricke 4 Stück)

Schlage 5 M mit den 3,5 mm Stricknadeln und Garn A an.

R 1: re.

R 2: li.

R 3: 1zun, re bis zum Ende der R, 1zun = 7 M

R 4: li.

R 5: 1zun, re bis zum Ende der R, 1zun = 9 M

Stricke 3 R *glatt rechts*.

R 9: 2rezus, re bis auf die letzten beiden M, 2rezus = 7 M

R 10: li.

R 11: 2rezus, re bis auf die letzten beiden M, 2rezus = 5 M

R 12: li.

Kette alle M ab.

Ohr (Innenseite)

(Stricke 4 Stück)

Schlage 5 M mit den 3,5 mm Stricknadeln und Garn B an.

R 1–2: re.

R 3: 1zun, re bis zum Ende der R, 1zun = 7 M

R 4: re.

R 5: 1zun, re bis zum Ende der R, 1zun = 9 M

Stricke 4 R *kraus rechts*.

R 10: 2rezus, re bis auf die letzten beiden M, 2rezus = 7 M

R 11: re.

R 12: 2rezus, re bis auf die letzten beiden M, 2rezus = 5 M

R 13: re.

Kette alle M ab.

Fertigstellung

Nähe jeden *glatt rechts* gestrickten Kreis aus Garn A (mit der rechts gestrickten Seite nach außen) an einen *kraus rechts* gestrickten Kreis aus Garn B.

Nähe oben auf jeden Handschuh zwei Ohren. Beides funktioniert am besten mit dem *überwendlichen Stich* (siehe S. 29).

Nähe kleine Knöpfe als Augen an die Handschuhe. Sticke mit Wolle eine Nase ins Gesicht.

Kapitel 3

Accessoires

Bunte Perlenkette

Mit dieser schönen Halskette wirst du dich wie eine Prinzessin fühlen! Du kannst dafür die Garnreste aus anderen Projekten verwenden, zum Beispiel die Reste des Regenbogen-Kissens (siehe S. 94/95). Mache so viele Perlen, wie du magst – alle in einer Farbe oder kunterbunt! Mithilfe der Strickliesel kannst du dir noch passende Armbänder dazu zaubern.

Maße
Einheitsgröße, ca. 30 cm lang

Garn
Geringe Menge von
LANG YARNS MERINO 120
(100 % Schurwolle
ca. 120 m / 50 g):

Garn A: 34.0020 hellblau
Garn B: 34.0178 türkis
Garn C: 34.0328 apricot mélange
Garn D: 34.0159 orange
Garn E: 34.0198 apfelgrün
Garn F: 34.0031 blau

Alternatives Garn
Für die Perlenkette kannst du jedes beliebige Garn verwenden. Achte aber darauf, dass es nicht zu dick ist, sonst passt es nicht durch die Strickliesel.

Maschenprobe
Eine Maschenprobe ist hier nicht notwendig.

Du brauchst:
- Bommelmacher, z. B. 2 cm und 2,5 cm im Durchmesser
- Strickliesel
- Stopfnadel

BUNTE PERLENKETTE 53

Kette

Mache acht Bommel in verschiedenen Größen (siehe S. 30) – wenn du möchtest, können es auch mehr sein. Stricke eine Kette mit deinen Fingern (siehe S. 41), bis sie ca. 61 cm lang ist. Zieh die Kette durch die Öse einer großen Stopfnadel. Fädele nun die Bommel mithilfe der Stopfnadel auf die Kette. Verknote die Enden der Kette miteinander, damit du sie dir um den Hals hängen kannst.

Armband

Stricke mit der Strickliesel eine Schnur (siehe S. 10). Nähe die Enden der Schnur zusammen, sodass du einen Ring erhältst. Achte aber darauf, dass das Gestrickte lang genug ist, damit du es noch bequem über die breiteste Stelle deiner Hand ziehen kannst. Natürlich kannst du auch einige lange Schnüre stricken und sie als Halsketten tragen.

Gürtel mit Fransen

Dieser Gürtel ist das ideale Projekt für absolute Strickanfänger: Trotz des einfachen Strickmusters sieht er mit seinen bunten Streifen und den lustigen Fransen super aus. Mache ihn so lang, wie er dir gefällt.

Maße
Einheitsgröße, ca. 6 cm breit und so lang, wie du möchtest

Garn
Je 50 g = 1 Knäuel
LANG YARNS KAPPA
(97 % Baumwolle, 3 % Polyester; ca. 125 m / 50 g):

Garn A: 707.0017 hellgrün
Garn B: 707.0090 violett
Garn C: 707.0079 türkis

Alternatives Garn
Für den Gürtel kannst du jedes Garn verwenden, das sich für Nadelstärke 4,5 mm eignet.

Maschenprobe
Um einen Gürtel in der angegebenen Größe zu stricken, solltest du mit 4,5 mm Stricknadeln in *kraus rechts* folgende Maschenprobe erhalten:
18 M und 28 R = 10 x 10 cm

Du brauchst:
- ein Paar 4,5 mm Stricknadeln
- Häkelnadel, um die Fransen zu befestigen
- Pappe, um die Fransen zu machen
- Stopfnadel

GÜRTEL MIT FRANSEN

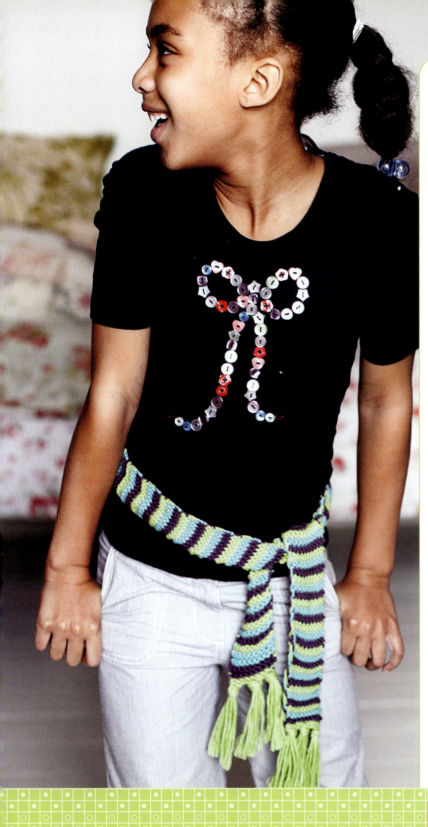

Gürtel

Schlage 12 M mit den 4,5 mm Stricknadeln und Garn A an.

R 1: re.

R 2: re.

Wechsle zu Garn B.

R 3: re.

R 4: re.

Wechsle zu Garn C.

R 5: re.

R 6: re.

Wechsle zu Garn A.

Wdh die letzten 6 R, wechsle dabei alle 2 R die Farbe, bis der Gürtel die gewünschte Länge hat. Schneide dabei die Fäden nicht ab, sondern führe sie seitlich am Strickstück mit (siehe S. 28). Der Gürtel sollte so lang sein, dass du ihn dir um die Hüften binden kannst. Ende mit zwei R in Garn A.

Kette alle M ab und vernähe die losen Fadenenden.

Fransen

(Mache 3 Stück an jeder kurzen Seite des Gürtels, siehe Bild)

Schneide ein Stück Pappe so zu, dass die lange Seite 12 cm misst (oder so lang ist, wie du deine Fransen gerne hättest).

Wickle Garn A 5-mal um die lange Seite der Pappe. Schneide die Schlaufen an der unteren Seite auf und entferne die Pappe. Das Garn bleibt dabei in der Mitte gefaltet.

Stich eine Häkelnadel durch den Rand des einen Gürtelendes (ganz außen). Zieh das Schlaufenende der Fransen mithilfe der Nadel ca. 1 cm weit durch das Gestrickte. Fädele nun das Fransenende durch das Schlaufenende und zieh die Fransen fest. Wiederhole dies noch zweimal am kurzen Ende des Schals und achte darauf, dass die Abstände zwischen den Fransen gleichmäßig sind.

Verfahre beim anderen Ende des Schals genauso.

Kürze alle Fransen auf dieselbe Länge.

Haarband

Eine hübsche und praktische Methode, um die Haare aus der Stirn zu halten – und so einfach und schnell zu stricken, dass du dir für jedes Outfit ein passendes machen kannst.

Maße
Passt für einen Kopfumfang von ca. 50 (52, 54) cm. Stricke es einfach so lang, wie es für dich gut passt.

Garn
Je 50 g = 1 Knäuel oder Garnreste
LANG YARNS SIGMA (50 % Baumwolle, 50 % Viskose; ca. 100 m / 50 g):
Garn A: 739.0085 pink
Garn B: 739.0001 weiß

Alternatives Garn
Um ein Haarband in den angegebenen Größen zu stricken, kannst du jedes Garn verwenden, das sich für Nadelstärke 4 mm eignet.

Maschenprobe
Mit 4 mm Stricknadeln in *glatt rechts* solltest du folgende Maschenprobe erhalten:
22 M und 28 R = 10 x 10 cm

Du brauchst:
- ein Paar 4 mm Stricknadeln
- Stopfnadel

Haarband
Schlage 83 (89, 95) M mit den 4 mm Stricknadeln und Garn A an.
R 1: 1re, (1li, 1re) bis zum Ende der R.
R 2: 1li, (1re, 1li) bis zum Ende der R.
Wechsle zu Garn B und wdh die letzten beiden R.
Wechsle zu Garn A.
Wdh die letzten 4 R noch einmal, dann wdh R 1 und 2 in Garn A.
Kette alle M ab.

Fertigstellung
Nähe die Enden des Haarbands zusammen, sodass ein Ring entsteht. Vernähe alle losen Fäden.

Tipp: Wenn das Haarband zu locker sitzt, lass dir von deiner Mama oder Oma ein Gummiband einziehen.

Blumen

Du kannst die Blumen ganz einfach *glatt rechts* stricken oder jedes andere Muster wählen, das dir gefällt. Auch das Garn kann so dick sein, wie du möchtest – deine Blumen werden bei dicker Wolle etwas größer, bei feinerem Garn etwas kleiner. Trage die Blumen als Haarspange, auf Haarreifen oder als Brosche. Besonders hübsch sieht es aus, wenn du noch Knöpfe oder Bänder annähst.

Maße
Ca. 5–7,5 cm, je nachdem, welches Garn und welche Nadeln du benutzt und wie fest du das Gestrickte am Ende aufrollst

Garn
Für dieses Projekt kannst du prima all deine Wollreste aufbrauchen. In der Anleitung wird ein Garn benutzt, das sich für 5 mm Stricknadeln eignet.

Maschenprobe
Eine Maschenprobe ist für diese Projekte nicht notwendig.

Du brauchst:
- ein Paar 5 mm Stricknadeln
- Stopfnadel
- Nähnadel und Faden
- einen Broschen- oder Haarspangenrohling oder eine Sicherheitsnadel
- Knöpfe und Bänder zum Verzieren

Hinweis zur Anleitung
Falls du ein anderes Garn nimmst, achte darauf, dass du die Nadelstärke verwendest, die auf den Verpackungen der jeweilgen Garne empfohlen wird.

BLUMEN 59

Blume

Schlage 50 (70) M mit den 5 mm Stricknadeln an und stricke 6–10 R *kraus rechts*, bis das Gestrickte halb so breit ist, wie deine Blume später werden soll. Wenn du magst, kannst du zwischendurch das Garn wechseln, um verschiedenfarbige Streifen zu machen.

Kette die M nicht ab, sondern schneide das Garn so ab, dass ein langes Stück übrig bleibt. Führe den Faden durch alle M auf der Nadel, entferne die Stricknadel und zieh den Faden vorsichtig zusammen, um das Strickstück zu einer Blume zu raffen.

Wickle das Strickstück zu einer Spirale auf und nähe es mit ein paar Stichen auf der Rückseite zusammen, damit die Blume ihre Form nicht verliert.

Fertigstellung

Bevor du die Rückseiten der Blüten an einen Haarreifen, eine Brosche oder Sicherheitsnadel nähst, kannst du die Vorderseiten noch mit Knöpfen oder langen Bändern verzieren.

Kleine Schleifen

Diese Schleifen kannst du als Haarschmuck oder Broschen tragen. Das Strickmuster ist so einfach, dass du es vielleicht sogar abwandeln magst, damit deine Schleifen ein wenig unterschiedlich aussehen. Besonders schön werden sie, wenn du schimmerndes Garn verwendest.

Maße
Einheitsgröße, ca. 5 cm breit

Garn
Je 50 g = 1 Knäuel oder Garnreste LANG YARNS SIGMA (50 % Baumwolle, 50 % Viskose; ca. 100 m / 50 g):

Garn A: 739.0085 pink
Garn B: 739.0014 gelb
Garn C: 739.0007 flieder
Garn D: 739.0078 mint

Alternatives Garn
Die Schleifen kannst du mit jedem Garn stricken, das sich für Nadelstärke 4 mm eignet.

Maschenprobe
Mit 4 mm Stricknadeln solltest du in *kraus rechts* folgende Maschenprobe erhalten:
22 M und 32 R = 10 x 10 cm

Du brauchst:
- ein Paar 4 mm Stricknadeln
- Stopfnadel
- Broschenspangenrohlinge oder Sicherheitsnadeln
- Haarspangen oder Stirnbänder
- Nähnadel und Faden

Hinweise zur Anleitung
Du kannst deine Schleifen in verschiedenen Farben stricken oder für Schleife und Schleifenband unterschiedliche Farben wählen. Wenn du es ganz bunt magst, strick dir gestreifte Schleifen in deinem ganz eigenen Stil.

KLEINE SCHLEIFEN 61

Schleife

Die Schleife besteht aus 2 Streifen – einem langen breiten und einem kurzen schmalen (dem Schleifenband).

Schlage 10 M mit den 4 mm Stricknadeln an und stricke 14 cm *kraus rechts* (siehe S. 24). Für eine andere Größe als angegeben stricke einfach die doppelte Länge von der Schleifengröße, die du am Ende haben möchtest.

Kette alle M ab.

Nähe die kurzen Enden zusammen, sodass eine Schlaufe entsteht.

Schlage 5 M mit den 4 mm Nadeln an und stricke 10 R *glatt rechts* (siehe S. 24).

Kette alle M ab.

Fertigstellung

Lege das kurze Band um die Mitte der Schlaufe und nähe die Enden zusammen – so entsteht eine schöne Schleife! Jetzt kannst du sie an eine Brosche, Haarspange oder Sicherheitsnadel nähen.

Glitzerarmband und -halskette

Du fängst an, dich beim Stricken zu langweilen und brauchst eine Pause? Dann leg deine Arbeit schnell zur Seite und zaubere dir mit der Strickliesel ruck, zuck ein paar tolle Schmuckstücke!

Maße
Armband: so, dass es dir passt!
Halskette: so lang, wie du möchtest!

Garn
Geringe Mengen von LANG YARNS MERINO 120 (100 % Schurwolle ca. 120 m / 50 g):

Garn A: 34.0245 flieder
Garn B: 34.0020 hellblau
Garn C: 34.0178 türkis
Garn D: 34.0009 rosa

Alternatives Garn
Für diese Projekte kannst du jedes Garn verwenden, das sich zum Stricken mit der Strickliesel eignet.

Maschenprobe
Eine Maschenprobe ist hier nicht notwendig.

Du brauchst:
- Strickliesel
- Stopfnadel
- bunte Bänder, Pailletten oder Knöpfe zum Verzieren
- Nähnadel und Faden

Armband und Halskette

Stricke mithilfe der Strickliesel eine Schnur (siehe S. 10). Sie sollte so lang sein, dass du sie bequem über die breiteste Stelle deiner Hand ziehen kannst (Armband) bzw. sie wie eine Kette um den Hals tragen kannst.

Nähe die beiden Enden gut zusammen, sodass du einen geschlossenen Kreis erhältst. Nähe Pailletten, Knöpfe oder bunte Bänder an, bis dein Schmuck wunderschön glitzert.

Verzierte Buttons zum Anstecken

Mit den Garnresten, die sich beim Stricken ansammeln, kannst du Buttons oder Broschen farbenfroh und wunderschön beziehen. Sie sind echte Hingucker – besonders als Anstecker auf Jacken und Taschen.

Maße

Große Knöpfe (L): Durchmesser ca. 4 cm
Mittlere Knöpfe (M): Durchmesser ca. 3 cm und 2,5 cm
Kleine Knöpfe (S): Durchmesser ca. 1,5 cm

Garn

Für dieses Projekt kannst du prima all deine Wollreste verbrauchen. Achte darauf, dass du mit der Nadelstärke strickst, die auf der jeweiligen Garnverpackung empfohlen wird.

Maschenprobe

Nach der Anleitung solltest du mit 4 mm Stricknadeln *glatt rechts* folgende Maschenprobe erhalten: 22 M und 28 R = 10 x 10 cm

Du brauchst:

- ein Paar 4 mm Stricknadeln
- Stopfnadel
- ein Button-Set zum Selbstbeziehen

VERZIERTE KNÖPFE

Knöpfe

Schlage 11 M (Größe L), 8 M (Größe M) oder 5 M (Größe S) mit den 4 mm Stricknadeln und einem Garn deiner Wahl an und stricke *glatt rechts*, bis deine Arbeit quadratisch (genauso lang wie breit) ist. Wenn du möchtest, kannst du aus verschiedenfarbigen Garnresten bunte Streifen stricken.

Kette alle M ab.

Fertigstellung

Beziehe alle Buttons mit den gestrickten Quadraten, so wie in der Anleitung des Button-Sets beschrieben. Nähe die bezogenen Buttons an dein Lieblings-shirt, deine Mütze, Schultasche oder an dein Portemonnaie.

Stulpen

Diese Stulpen halten dich im Winter schön warm und du kannst sie wunderbar zu Hause oder zum Turnen und Tanzen anziehen.

Maße
Passend für einen Wadenumfang von ca. 21 (23, 25) cm. Die Länge kannst du selbst bestimmen.

Garn
Je 50 g = 1 Knäuel
LANG YARNS MIA (80 % Alpaka, 20 % Polyacryl; ca. 125 m / 50 g):
Garn A: 816.0090 dunkellila
Garn B: 816.0048 rosa

Alternatives Garn
Für die Stulpen kannst du jedes Garn verwenden, das sich für Nadelstärke 5 mm eignet. Richtig kuschelig werden sie aber mit Alpaka-Wolle.

Maschenprobe
Um die Stulpen in den angegebenen Größen zu stricken, solltest du mit 5 mm Stricknadeln in *glatt rechts* folgende Maschenprobe erhalten:
18 M und 24 R = 10 x 10 cm

Du brauchst:
- ein Paar 4,5 mm Stricknadeln
- ein Paar 5 mm Stricknadeln
- Stopfnadel

Stulpen
(Stricke 2 Stück)

Schlage 37 (41, 45) M mit den 4,5 mm Stricknadeln und Garn A an.

R 1: 1re, (1li, 1re) bis zum Ende der R.

R 2: 1li, (1re, 1li) bis zum Ende der R.

Wdh das *Rippenmuster* (R 1–2), bis deine Arbeit 10 cm lang ist, ende mit einer R 2.

Wechsle zu Garn B und den größeren Stricknadeln.

Nächste R: re.

Nächste R: li.

Stricke weiter wie in den letzten beiden R beschrieben, bis dieser *glatt rechts* gestrickte Teil 15 cm lang ist oder die Stulpen die Länge haben, die dir gefällt. Beachte aber, dass du mehr Garn brauchst, wenn du die Stulpen länger strickst. Ende mit einer links gestrickten R.

Wechsle zu Garn A und den kleineren Stricknadeln.

Nächste R: 1re, (1li, 1re) bis zum Ende der R.

Nächste R: 1li, (1re, 1li) bis zum Ende der R.

Wdh das *Rippenmuster* für weitere 10 cm.

Kette alle M ab.

Fertigstellung
Nähe die langen Seitenränder der Stulpen im *Matratzenstich* (siehe S. 29) zusammen.

Accessoires

Schultasche

Eine praktische Tasche, in der du deine Unterlagen für die Schule oder einen kleinen Snack für unterwegs verstauen kannst.

Maße
Einheitsgröße,
ca. 20 x 31 cm

Garn
Je 100 g = 2 Knäuel
LANG YARNS KIM
(68 % Schurwolle,
29 % Alpaka,
3 % Polyester;
ca. 50 m / 50 g):

Garn A: 815.0010 stahl
Garn B: 815.0050 ocker

Alternatives Garn
Die Tasche kannst du mit jedem Garn stricken, das sich für Nadelstärke 10 eignet.

Maschenprobe
Mit 10 mm Stricknadeln in *glatt rechts* solltest du folgende Maschenprobe erhalten:
9 M und 12 R = 10 x 10 cm

Du brauchst:
- ein Paar 10 mm Stricknadeln
- Stopfnadel
- Nähnadel und Faden
- ein Stück Stoff (30 x 45 cm) für den Innenbezug
- einen Druckknopf
- Bänder nach Wunsch

Tasche

Hier strickst du ein großes Rechteck, das du später faltest und zusammennähst.

Schlage 30 M mit den 10 mm Stricknadeln und Garn A an.

R 1: re.

R 2: li.

Stricke weiter *glatt rechts*, bis deine Arbeit 45 cm misst, ende mit einer rechts gestrickten R.

Wechsle zu Garn B und stricke 4 R *kraus rechts*.

Kette alle M ab.

Tragegurt

Schlage 5 M mit den 10 mm Stricknadeln und Garn B an und stricke ca. 1 Meter *kraus rechts* (siehe S. 24) oder so lange, bis dein Tragegurt die gewünschte Länge hat.

Kette alle M ab.

Fertigstellung

Innenbezug: Lege die Strickarbeit so vor dich, dass du auf die links gestrickte Seite schaust. Der Farbstreifen sollte dabei oben sein. Nimm das Stück Stoff für den Innenbezug (hier rechte Stoffseite oben) und schlage einen kleinen Saum um. Nähe den Stoff auf die links gestrickte Seite deiner Strickarbeit. Achte darauf, dass dabei an jeder Seite mindestens 1 cm bis zum Rand frei bleibt – so ist das Zusammennähen später einfacher.

Falte den unteren Teil der Strickarbeit nach oben, sodass ein ca. 20 cm großer Beutel entsteht. Der überstehende Teil mit dem Farbstreifen wird zur Taschenklappe. Nähe nun die Seiten zusammen.

Schlage den oberen Teil um. Nähe einen Teil des Druckknopfes mittig an die Innenseite der Klappe. Nähe den anderen Teil des Druckknopfes auf die gegenüberliegende Seite auf den Beutel.

Nähe nun die Enden des Tragegurtes an den oberen Rand der Tasche.

Wenn du deine Tasche noch verzieren möchtest, kannst du auch noch ein Band durch 4–5 Maschen fädeln und es zu einer Schleife binden.

Fingerlose Handschuhe

Wahrscheinlich denkst du, dass es sehr schwierig ist, Handschuhe zu stricken. Du wirst dich wundern, wie schnell du dieses Paar fertig bekommst: Du brauchst nur zwei gestrickte Rechtecke an einer Seite zusammenzunähen – und fertig! Wie lang oder kurz du sie strickst, hängt davon ab, wie warm sie deine Arme halten sollen. Bestimme selbst!

Maße
S (M, L), ca. 17 (19, 21) cm um die Hand herum und so lang, wie du möchtest

Garn
Je 50 g = 1 Knäuel für alle Größen
LANG YARNS OMEGA (50 % Polyamid, 50 % Polyacryl; ca. 130 m / 50 g):

Lange Handschuhe
Garn A: 745.0085 pink
Garn B: 745.0059 orange
Garn C: 745.0014 gelb

Kurze Handschuhe
Garn A: 745.0035 dunkelblau
Garn B: 745.0006 blau
Garn C: 745.0033 hellblau

Alternatives Garn
Um die Handschuhe in den angegebenen Größen zu stricken, kannst du jedes Garn verwenden, das sich für Nadelstärke 4 mm eignet.

Maschenprobe
Damit die Größen ungefähr passen, solltest du mit den 4 mm Stricknadeln in *glatt rechts* folgende Maschenprobe erhalten: 22 M und 28 R = 10 x 10 cm

Du brauchst:
- ein Paar 3,5 mm Stricknadeln
- ein Paar 4 mm Stricknadeln
- Stopfnadel

Handschuhe
(Stricke 2 Stück)

Einfarbiger Teil:

Schlage 37 (41, 45) M mit den 3,5 mm Stricknadeln und Garn A an.

R 1: 1re, (1li, 1re) bis zum Ende der R.

R 2: 1li, (1re, 1li) bis zum Ende der R.

Wdh die letzten beiden R für 2,5 cm (kurze Handschuhe) oder für 11 cm (lange Handschuhe), oder stricke weiter, bis dein Handschuh die gewünschte Länge hat. Ende mit einer R 2.

Gestreifter Teil:

Wechsle zu den größeren Stricknadeln und Garn B.

R 1: re.

R 2: li.

Wechsle zu Garn C.

R 3: re.

R 4: li.

Wechsle zu Garn A.

R 5: re.

R 6: li.

Wdh R 1–6, bis deine Arbeit 6 (7, 8) cm lang ist, ende mit einer links gestrickten R.

Abschluss:

Wechsle wieder zu den kleineren Stricknadeln und Garn A.

R 1: 1re, (1li, 1re) bis zum Ende der R.

R 2: 1li, (1re, 1li) bis zum Ende der R.

Wdh diese beiden R noch einmal.

Kette alle M ab.

Fertigstellung

Nähe die Seiten der Handschuhe mit Garn und der Stopfnadel im *Matratzenstich* (siehe S. 29) zusammen. Beginne dabei von unten (einfarbiger Teil). Nähe jeweils 1 cm des gestreiften Teils zusammen, lass dann 4 cm offen für deine Daumen und nähe anschließend den Rest bis zum oberen Rand zusammen.

Hausschuhe

Hausschuhe können alles andere als langweilig sein!
Strick dir Ballett- oder Riemchenschuhe in deiner Größe.

Maße

S (M, L) für eine Fußlänge
von 17,5 (19,5, 21) cm

Garn

LANG YARNS CLASSICO
(35 % Wolle, 35 % Polyamid,
30 % Baumwolle; ca. 110 m / 50 g):

Ballettschuhe
100 (100 / 100) g = 2 Knäuel
848.0048 altrosa

Rote Hausschuhe
100 (100 / 100) g = 2 Knäuel
848.0060 rot

Alternatives Garn

Die Ballett- und Hausschuhe kannst du mit jedem Garn stricken, das sich für Nadelstärke 4 mm eignet.

Maschenprobe

Mit 4 mm Stricknadeln solltest du in *glatt rechts* folgende Maschenprobe erhalten:
22 M und 28 R = 10 x 10 cm

Du brauchst:

- ein Paar 4 mm Stricknadeln
- Stopfnadel
- Bänder
- 2 Knöpfe
- evtl. Stopper zum Aufbügeln oder Latexmilch für die Sohle

Hinweis zur Anleitung

Damit du in deinen Hausschuhen nicht ausrutschst, kannst du die Sohlen mit Stoppern versehen oder mit Latexmilch einstreichen. Beides gibt es in jedem gut sortierten Handarbeitsladen zu kaufen.

Grundmuster für alle Schuhe

(Stricke 2 Stück)

Schlage 22 (25, 28) M mit den 4 mm Stricknadeln an und stricke *kraus rechts* (siehe S. 24).

R 1: 1zun, re bis zur letzten M, 1zun.

R 2: re.

Wdh R 1–2, bis du 38 (41, 44) M auf der Nadel hast. Stricke zwei R rechte M, ohne zuzunehmen.

R 1: 2rezus, bis zur letzten M, 2rezus.

R 2: re.

Wdh R 1–2, bis du wieder 22 (25, 28) M auf der Nadel hast. Nimm am Anfang der nächsten R 8 (10, 10) M für die Ferse auf = 30 (35, 38) M

Stricke weiter im Muster *kraus rechts*.

R 1: re, 1zun (für die Zehen).

R 2: re.

Wdh R 1–2, bis du 38 (43, 46) M auf der Nadel hast.

Kette 20 (25, 28) M ab, stricke die übrigen bis zum Ende (re) = 18 M

Stricke 13 (15, 15) weitere R über die übrigen 18 M. Nimm am Ende der letzten R 20 (25, 28) M auf = 38 (43, 46) M

R 1: re.

R 2: re bis auf die letzten beiden M, 2rezus (für die Zehen).

Wdh R 1–2, bis du nur noch 30 (35, 38) M auf der Nadel hast.

Kette alle M ab.

Nähe das Fersenteil und die Ränder an die Sohle und schließe die Schuhspitze.

Für die Riemchenschuhe:

Riemen (Stricke 2 Stück)

Schlage 5 M an und stricke 11 cm *kraus rechts*.

Nächste R: 2re, 1U, 2rezus, 1re.

Stricke *kraus rechts*, bis deine Arbeit 12 cm lang ist.

Kette alle M ab.

Nähe jetzt die Riemen an die Schuhe: Befestige jeweils das Ende ohne Loch an der Knöchelinnenseite der Schuhe.

Nähe die Knöpfe an der gegenüberliegenden Seite an, sodass du die Schuhe zuknöpfen kannst.

Für die Ballettschuhe:

Fersenschlaufe (Stricke 2 Stück)

Schlage 8 M an und stricke 6 cm *kraus rechts*. Kette alle M ab.

Nähe jeweils einen Streifen am oberen, hinteren Rand des Schuhs zu einer Schlaufe zusammen. Fädele ein Band durch die Schlaufe und wickle es um deine Knöchel.

Kapitel 4

Kuscheliges für zu Hause

Wärmflaschenbezug

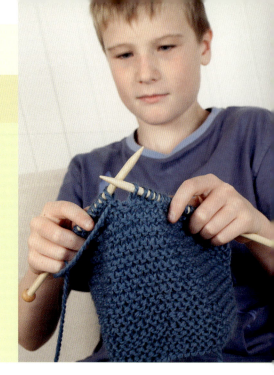

Hier erfährst du, wie du ein einfaches Rechteck in einen schönen, gemütlichen Wärmflaschenbezug verwandeln kannst. Eignet sich wunderbar als Geschenk!

Maße
Einheitsgröße, ca. 23 x 36 cm

Garn
LANG YARNS MERINO 50 (98 % Schurwolle, 2 % Polyester; ca. 90 m / 100 g):

Garn A: 200 g = 2 Knäuel
756.0110 graublau hell
Garn B: 100 g = 1 Knäuel
756.0035 graublau dunkel

Alternatives Garn
Den Wärmflaschenbezug kannst du mit jedem Garn stricken, das sich für Nadelstärke 8 mm eignet.

Maschenprobe
Mit 8 mm Stricknadeln solltest du in *glatt rechts* folgende Maschenprobe erhalten:
13 M und 15 R = 10 x 10 cm

Du brauchst:
- ein Paar 8 mm Stricknadeln
- Stopfnadel
- ein Schleifenband (ca. 1 m lang)
- Wärmflasche (ca. 20 x 30 cm)

Überzug
Schlage 60 M mit den 8 mm Stricknadeln und Garn A an (oder schlage so viele M an, bis das Gestrickte doppelt so breit ist wie deine Wärmflasche). Stricke 7,5 cm *kraus rechts* (siehe S. 24). Wechsle zu Garn B.

Nächste R: li.

Nächste R: re.

Stricke 7,5 cm *glatt rechts* und ende mit einer linken R.

Wechsle wieder zu Garn A.

Stricke 20 cm *kraus rechts* (oder so lange, bis das Gestrickte groß genug für deine Wärmflasche ist) und kette alle M ab.

Fertigstellung
Falte das Rechteck der Breite nach in der Mitte. Nähe die offene Seite und den Boden zusammen.

So machst du den Verschluss:
Fädele ein Schleifenband (ca. 6,5 cm vom offenen Ende entfernt) gleichmäßig durch die M, immer rein und raus im Wechsel und einmal ganz herum. Schiebe die Wärmflasche in den so entstandenen Beutel, zieh das Band fest und binde es zu einer Schleife.

Kuscheliges für zu Hause

Täschchen

In diesem hübschen Täschchen kannst du dein Kleingeld, deine Haarspangen oder andere kleine Schätze aufbewahren. Verstecke es gut, damit es niemand findet!

Maße
Einheitsgröße, ca. 10 x 10 cm

Garn
Je 50 g = 1 Knäuel oder Garnrest
LANG YARNS MERINO 120
(100 % Schurwolle;
ca. 120 m / 50 g):

Garn A: 34.0049 hellgelb
Garn B: 34.0339 beige mélange
Garn C: 34.0085 pink

Alternatives Garn
Das Täschchen kannst du mit jedem Garn stricken, das sich für Nadelstärke 4 mm eignet.

Maschenprobe
Mit 4 mm Stricknadeln solltest du in *glatt rechts* folgende Maschenprobe erhalten:
22 M und 28 R = 10 x 10 cm

Du brauchst:
- ein Paar 4 mm Stricknadeln
- Stopfnadel
- einen Druckknopf
- ein Stück Stoff, ca. 10 x 23 cm
- Nähnadel und Faden

Täschchen
Schlage 25 M mit den 4 mm Stricknadeln und Garn A an.

R 1: 1re, (1li, 1re) bis zum Ende der R.

Wdh diese R fünfmal.

Wechsle zu Garn B, ohne Garn A durchzuschneiden.

Nächste R: re.

Wechsle zu Garn C, ohne Garn B durchzuschneiden.

Nächste R: li.

Fahre *glatt rechts* fort, bis deine Arbeit 23,5 cm misst. Wechsle nach jeder R das Garn: von Garn A zu Garn B, von Garn B zu Garn C, und ende mit Garn C.

Wechsle wieder zu Garn A.

Nächste R: 1re, (1li, 1re) bis zum Ende der R.

Wdh die letzte R fünfmal.

Kette alle M ab.

Fertigstellung

Innenbezug: Nimm den Stoff und schlage einen kleinen Saum um. Nähe den Stoff (mit der rechten Seite nach oben) auf die links gestrickte Seite deiner Arbeit. Achte darauf, dass an jeder Seite mindestens 0,5 cm bis zum Rand frei bleiben – so ist das Zusammennähen später einfacher.

Falte den unteren Teil der Strickarbeit so weit nach oben, dass ein ca. 10 cm großer Beutel entsteht. Der überstehende Teil wird zur Klappe. Nähe die Seiten nun zusammen.

Nähe einen Teil des Druckknopfs mittig an die Innenseite der Klappe. Nähe den anderen Teil des Druckknopfes so an den Beutel, dass du ihn verschließen kannst.

Tasche für MP3-Player und Handys

Mit diesem praktischen Bezug ist dein MP3-Player oder Handy immer gut geschützt.

Maße

Einheitsgröße, ca. 5 x 12 cm; dehnbar bis ca. 7 cm

Garn

Je 50 g = 1 Knäuel oder Garnreste LANG YARNS MERINO 150 (100 % Schurwolle; ca. 150 m / 50 g):

Garn A: 197.0033 jeans
Garn B: 197.0223 hellgrau mélange

Alternatives Garn

Diese kleinen Taschen kannst du mit jedem Garn stricken, das sich für Nadelstärke 3,0 mm eignet.

Maschenprobe

Mit 3,0 mm Stricknadeln solltest du im *Rippenmuster* folgende Maschenprobe erhalten:
30 M und 30 R = 10 x 10 cm

Du brauchst:

- ein Paar 3,0 mm Stricknadeln
- Stopfnadel
- Knopf zum Verschließen (ca. 2 cm Durchmesser)

Bezug

Schlage 31 M mit den 3,0 mm Stricknadeln und Garn A an und stricke im *Rippenmuster* wie folgt:

R 1 (AS): 2re, (1li, 1re) bis zur letzten M, 1re.

R 2: 2li, (1re, 1li) bis zur letzten M, 1li.

Wechsle zu Garn B und stricke zwei R im *Rippenmuster* wie R 1–2.

Stricke 12 cm im *Rippenmuster* weiter, wechsle dabei alle zwei R die Farbe (ohne Garn A oder B durchzuschneiden). Ende mit einer R 1.

Nächste R: Kette für die Klappe 16 M ab, weiter im *Rippenmuster* bis zum Ende der R = 15 M

Stricke über diese 15 M im *Rippenmuster* 4 cm weiter, ende mit einer R 2.

Kette alle M ab.

Fertigstellung

Falte deine Arbeit der Breite nach in der Mitte, mit der Klappe nach oben. Nähe die offene Seite und den Boden zusammen.

Stricke mit den Fingern ein 6 cm langes Band (siehe S. 41) und nähe es als Schlaufe mittig an die Klappe.

Nähe nun noch den Knopf an die Tasche. Jetzt kannst du sie mit Knopf und Schlaufe verschließen.

Bunte Kuscheldecke

Diese bunte Kuscheldecke besteht aus vielen einzelnen gleichgroßen Quadraten. Wenn du jedes Quadrat in einem anderen Muster strickst, kannst du bei diesem Projekt ganz viele neue Muster ausprobieren. Später werden einfach alle Quadrate zusammengenäht.

Maße

Einheitsgröße, ca. 30 x 30 cm pro Quadrat

Garn

Je 100 g = 1 Knäuel
BC GARN TUNDRA
(100 % Schurwolle; ca. 110 m / 100 g):

Garn A: td00 wollweiß
Garn B: td02 blau
Garn C: td06 rosa
Garn D: td13 beige
Garn E: td16 gelb
Garn F: td18 grün
Garn G: td53 violett

Alternatives Garn

Du kannst die Decke auch aus MERINO 50 (98 % Schurwolle, 2 % Poyester; ca. 90 / 100 g) von LANG YARNS stricken. Da das Garn ein wenig dünner ist, musst du für jedes Quadrat nicht 30, sondern 35 Maschen anschlagen. Du kannst aber auch jedes andere Garn verwenden, das sich für Nadelstärke 9 mm eignet.

Maschenprobe

Mit 9 mm Stricknadeln solltest du in *glatt rechts* folgende Maschenprobe erhalten:
10 M und 15 R = 10 x 10 cm

Du brauchst:

- ein Paar 9 mm Stricknadeln
- Stopfnadel

Grundanleitung für die Quadrate

(mache so viele, wie du möchtest; die abgebildete Decke besteht aus 12 Quadraten)

Die Farben kannst du kombinieren, wie du möchtest. Einfarbig oder gestreift – du entscheidest.

Erstes Quadrat

(Stricke 6 Stück)

Schlage 30 M mit den 9 mm Stricknadeln und einem Garn deiner Wahl an.

Stricke 30 cm *kraus rechts* (siehe S. 24).

Kette alle M ab.

Zweites Quadrat

(Stricke 6 Stück)

Schlage 30 M mit den 9 mm Stricknadeln und einem Garn deiner Wahl an.

Stricke 30 cm *glatt rechts* (siehe S. 24).

Kette alle M ab.

BUNTE KUSCHELDECKE 85

Zusammennähen der Quadrate

Lege die Quadrate zu 3 Reihen mit je 4 Quadraten so zusammen, wie du sie für die Decke verteilen möchtest. Ordne sie dabei so an, dass immer der Seitenrand eines Quadrates an eine Maschenanschlags- oder eine Maschenabnahmekante des benachbarten Quadrates grenzt. So wird die Naht ordentlicher.

Benutze für die Naht ein Garn in einer anderen Farbe (z. B. einen Rest von den Quadraten) und nähe die Quadrate mit dem *überwendlichen Stich* (siehe S. 29) zusammen.

Schneide alle Fäden bis auf ca. 4 cm ab. Zieh sie mithilfe der Stopfnadel durch das Gestrick, um sie zu sichern.

Zugluftstopper

Mit dieser niedlichen Raupe vor der Tür bleibt es auch an kalten Wintertagen schön warm in deinem Zimmer. Wenn du sie mit schwererem Füllmaterial stopfst, kannst du sie auch als Türstopper benutzen.

Maße
Einheitsgröße, ca. 67 cm lang

Garn
Je 50 g = 1 Knäuel
LANG YARNS OMEGA +
(50 % Polyamid, 50 % Polyacryl; ca. 75 m / 50 g):

Garn A: 764.0096 cremeweiß
Garn B: 764.0097 grün
Garn C: 764.0020 hellblau
Garn D: 764.0060 rot

Alternatives Garn
Die Raupe kannst du mit jedem Garn stricken, das sich für Nadelstärke 5 mm eignet.

Maschenprobe
Mit 5 mm Stricknadeln solltest du in *glatt rechts* folgende Maschenprobe erhalten:
18 M und 24 R = 10 x 10 cm

Du brauchst:
- ein Paar 5 mm Stricknadeln
- Stopfnadel
- Füllmaterial
- Bommelmacher
- Knöpfe für die Augen

Körper
Schlage 5 M mit den 5 mm Stricknadeln und Garn A an.

R 1 (und alle ungeraden R): li.
R 2: Stricke zweimal re in jede M bis zum Ende der R = 10 M
R 4: Stricke zweimal re in jede M bis zum Ende der R = 20 M
R 6: (1re, 1zun) bis zum Ende der R = 30 M
R 8: (2re, 1zun) bis zum Ende der R = 40 M
R 10: (3re, 1zun) bis zum Ende der R = 50 M

Stricke weiter 2 cm re mit Garn A.
Wechsle zu Garn B (2 cm).
Wechsle zu Garn C (2 cm).

Weiter in *glatt rechts*. Wechsle dabei alle 2 cm die Farbe, bis deine Arbeit 63,5 cm lang ist. Ende mit einer links gestrickten R und so, dass der letzte Farbstreifen komplett ist.

Verwende für den nun folgenden Abschluss nur Garn in der Farbe, die als nächste kommt.

Nächste R: (3re, 2rezus) bis zum Ende der R = 40 M
Nächste R (und ab hier jede zweite R): li.
Nächste R: (2re, 2rezus) bis zum Ende der R = 30 M
Nächste R: (1re, 2rezus) bis zum Ende der R = 20 M
Nächste R: (2rezus) bis zum Ende der R = 10 M

Nächste R: (2rezus) bis zum Ende der R = 5 M

Kette die M nicht ab. Fädele stattdessen einen Faden durch die restlichen Maschen, zieh ihn fest und vernähe ihn. Nähe die Seite – wenn die Naht besonders fest werden soll, im *Matratzenstich* (siehe S. 29) – zusammen und lass ein kleines Loch zum Füllen offen. Stopfe die Raupe mit Füllmaterial und schließe das Loch.

Kopf und Hinterteil

Fädele 10 cm vom Raupenende entfernt einen Faden gleichmäßig durch die Maschen und zieh ihn fest – so entsteht der Kopf. Wiederhole dies am anderen Ende für den Schwanz.

Beine

(Stricke 8 Stück oder mehr!)

Schlage 8 M mit den 5 mm Stricknadeln und Garn D an.

Stricke 2 cm *kraus rechts*.

Kette 4 M ab und stricke mit den restlichen 4 M 2 cm *kraus rechts* weiter.

Kette alle M ab.

Fertigstellung

Nähe die Beine auf beiden Seiten des Raupenkörpers in gleichmäßigen Abständen zwischen Kopf und Schwanz an.

Mache zwei Bommel (siehe S. 30) und nähe diese als Fühler an den Kopf. Nähe zwei Knöpfe als Augen an den Kopf der Raupe und sticke Mund und Nase in Garn D auf.

Herzkissen

Wer will schon ein langweiliges, rechteckiges Kissen haben, wenn er sein Bett mit Herzkissen dekorieren kann? Natürlich kannst du sie auch prima zum Muttertag oder Valentinstag verschenken. Stopfe sie entweder mit einer duftenden Lavendelmischung, mit weicher Füllwatte oder – für ein Körnerkissen – mit Kirschkernen.

Maße
Einheitsgröße, ca. 16 x 18 cm

Garn
Je 50 g = 1 Knäuel
LANG YARNS MERINO 120
(100 % Schurwolle; ca. 120 m/50 g):
Garn A: 34.0147 lila
Garn B: 34.0085 pink

Alternatives Garn
Das Kissen kannst du mit jedem Garn stricken, das sich für Nadelstärke 4 mm eignet.

Maschenprobe
Mit 4 mm Stricknadeln solltest du in *glatt rechts* folgende Maschenprobe erhalten:
22 M und 28 R = 10 x 10 cm

Du brauchst:
- ein Paar 4 mm Stricknadeln
- Hilfsnadel
- Stopfnadel
- Füllwatte, Lavendelmischung oder Körnerkissenfüllung mit Lavendelöl getränkt
- zwei Stoffteile ca. 18 x 20 cm

Hinweis zur Anleitung
Nähe aus den Stoffteilen einen Innenbezug in der Größe deines Strickherzens, wenn du es mit Lavendel oder Kirschkernen füllen möchtest. Fülle die Lavendelmischung oder die Körner in den Innenbezug. Erst dann nähst du die Teile des gestrickten Kissens um den Bezug herum zusammen.

Herz
(Stricke 2 Stück)

Schlage 5 M mit den 4 mm Stricknadeln und Garn A an.

R 1: re.

R 2: 1zun, re bis zur letzten M, 1zun = 7 M

Wechsle zu Garn B.

Wdh R 1–2, bis du 17 M auf der Nadel hast, und wechsle alle zwei R die Farbe. Schneide beim Farbwechsel nicht jedes Mal den Faden ab, sondern führe ihn seitlich mit (siehe S. 28). Ende mit einer R 2.

Schneide das Garn durch und zieh die 17 M auf eine Hilfsnadel.

Stricke ein zweites Teil wie oben beschrieben, aber schneide das Garn diesmal nicht durch. Fahre in dem gestreiften Muster fort, wende und stricke über die 17 M des einen Teils, 1zun, dann stricke über die 17 M des anderen Teils (von der Hilfsnadel) = 35 M

Stricke eine R re.

Nächste R: 1zun, re bis zur letzten M, 1zun = 37 M

Nächste R: re.

Wdh die letzten beiden R, dann stricke 8 R *kraus rechts* = 39 M

Nächste R: 2rezus, re bis auf die letzten beiden M, 2rezus = 37 M

Stricke 3 R *kraus rechts*.

Wdh die letzten 4 R noch zweimal = 33 M

HERZKISSEN 89

Nächste R: 2rezus, re bis auf die letzten beiden M, 2rezus = 31 M

Nächste R: re.

Wdh die letzten beiden R, bis nur noch 3 M auf der Nadel sind.

Nächste R: 3rezus.

Schneide das Garn ab und zieh den Faden durch die letzte M.

Stricke ein weiteres Teil für die Rückseite des Herzkissens, benutze diesmal nur Garn A.

Fertigstellung

Nähe die zwei Teile zusammen. Lass dabei eine kleine Öffnung, um das Herz zu füllen. Stopfe nun das Herz mit dem gewünschten Füllmaterial aus. Jetzt musst du das Loch nur noch zunähen.

Marienkäfer-Duftkissen

Diese Kissen sind viel zu niedlich, um sie einfach in einer Schublade verschwinden zu lassen. Leg sie doch stattdessen auf die Heizung – dann erfüllt ihr Duft den ganzen Raum. Oder verwandele sie in Kuscheltiere, indem du sie mit weicher Füllwatte ausstopfst. Auch als kleine, duftende Körnerkissen eignen sie sich prima.

Maße
Großer Käfer: ca. 10 cm groß
Kleiner Käfer: ca. 6,5 cm groß

Garn
Je 50 g = 1 Knäuel
LANG YARNS OMEGA (50 % Polyamid, 50 % Polyacryl; ca. 130 m / 50 g):
Garn A: 745.0060 rot (großer Käfer); 745.0085 pink (kleiner Käfer)
Garn B: 745.0004 schwarz

Alternatives Garn
Die Marienkäfer kannst du mit jedem Garn stricken, das sich für Nadelstärke 3,5 mm eignet.

Maschenprobe
Eine Maschenprobe ist für dieses Projekt nicht unbedingt notwendig. Wenn die Käfer so groß sein sollen wie in der Anleitung beschrieben, solltest du mit 3,5 mm Stricknadeln in *kraus rechts* folgende Maschenprobe erhalten:
23 M = 10 cm

Du brauchst:
- ein Paar 3,5 mm Stricknadeln
- verschiedene Knöpfe für Augen und Punkte
- zwei runde Stoffteile pro Käfer (großer Käfer: Durchmesser 10 cm, kleiner Käfer: Durchmesser 6 cm)
- Füllwatte, Lavendelmischung oder Körnerkissenfüllung mit Lavendelöl getränkt
- evtl. Trichter zum Befüllen
- Stopfnadel
- Nähnadel und Faden

Hinweise zur Anleitung
Für einen Marienkäfer strickst du zunächst je ein Rücken- und ein Bauchteil. Wenn du deinen Käfer mit einer Lavendelmischung oder Körnern füllen möchtest, nähst du dafür außerdem aus zwei Stoffteilen einen kleinen Beutel, den du später zwischen die gestrickten Teile legst. So kannst du sicher sein, dass kein Füllmaterial zwischen den Maschen herausrieselt. Ganz zum Schluss nähst du die beiden gestrickten Teile um den Stoffbeutel herum zusammen.

Großer Marienkäfer *(kraus rechts)*
Bauch

** Schlage 5 M mit den 3,5 mm Stricknadeln und Garn A an.
R 1: re.
R 2: Schlage 3 M an, re bis zum Ende der R = 8 M
R 3: Schlage 3 M an, re bis zum Ende der R = 11 M
Stricke 2 R gerade *kraus rechts*, ohne zuzunehmen.
R 6: Schlage 3 M an, re bis zum Ende der R = 14 M
R 7: Schlage 3 M an, re bis zum Ende der R = 17 M
Stricke 4 R gerade *kraus rechts*, ohne zuzunehmen.
R 12: Schlage 2 M an, re bis zum Ende der R = 19 M
R 13: Schlage 2 M an, re bis zum Ende der R = 21 M
Stricke 5 R gerade *kraus rechts*, ohne zuzunehmen.
R 19: 1zun am Anfang und am Ende der R = 23 M
Stricke 7 R gerade *kraus rechts*, ohne zuzunehmen.

R 27: 2rezus am Anfang und am Ende der R = 21 M**
Stricke 5 R gerade *kraus rechts*, ohne abzunehmen.
R 33: Kette 2 M ab, re bis zum Ende der R = 19 M
R 34: Kette 2 M ab, re bis zum Ende der R = 17 M
Stricke 4 R gerade *kraus rechts*, ohne abzunehmen.
R 39: Kette 3 M ab, re bis zum Ende der R = 14 M
R 40: Kette 3 M ab, re bis zum Ende der R = 11 M
Stricke 2 R *kraus rechts*, ohne abzunehmen.
R 43: Kette 3 M ab, re bis zum Ende der R = 8 M
R 44: Kette 3 M ab, re bis zum Ende der R = 5 M
R 45: re.
Kette alle M ab.

Rücken

Wdh von ** bis ** (wie beim Bauch). Wechsle nun zu Garn B und stricke weiter wie beim Bauch, nur eben mit Garn B.

Kleiner Marienkäfer *(kraus rechts)*
Bauch

** Schlage 3 M mit den 3,5 mm Stricknadeln und Garn A an.
R 1: re.
R 2: Schlage 3 M an, re bis zum Ende der R = 6 M
R 3: Schlage 3 M an, re bis zum Ende der R = 9 M
Stricke 2 R gerade *kraus rechts*, ohne zuzunehmen.
R 6: Schlage 2 M an, re bis zum Ende der R = 11 M
R 7: Schlage 2 M an, re bis zum Ende der R = 13 M
Stricke 4 R gerade *kraus rechts*, ohne zuzunehmen.
R 12: 1zun am Anfang und am Ende der R = 15 M
Stricke 5 R gerade *kraus rechts*, ohne zuzunehmen.
R 18: 2rezus am Anfang und am Ende der R = 13 M**
Stricke 4 R gerade *kraus rechts*, ohne abzunehmen.
R 23: Kette 2 M ab, re bis zum Ende der R = 11 M
R 24: Kette 2 M ab, re bis zum Ende der R = 9 M
Stricke 2 R gerade *kraus rechts*, ohne abzunehmen.
R 27: Kette 3 M ab, re bis zum Ende der R = 6 M
R 28: Kette 3 M ab, re bis zum Ende der R = 3 M
R 29: re.
Kette alle M ab.

Rücken

Wdh von ** bis ** (wie beim Bauch).

Wechsle nun zu Garn B und stricke den Rest des Rückens wie den Bauch, nur eben mit Garn B.

Fertigstellung

Nähe mit der Nähnadel und einem Faden zwei Knöpfe als Augen und weitere Knöpfe als Punkte auf das Rückenteil. Sticke den Käfern noch einen Mund auf.

Füllen mit Lavendelmischung oder Körnern

Schneide zwei Stoffkreise zu (Durchmesser ca. 6 cm bzw. 10 cm plus ca. 0,5 cm Nahtzugabe). Nähe die Kreise zusammen, aber lass eine kleine Öffnung zum Füllen. Jetzt zieh den Beutel auf rechts, sodass die Naht innen ist. Nimm einen Trichter und fülle den Beutel mit der Lavendelmischung oder mit Körnern. Nähe das Loch zu. Lege den Beutel auf das Bauchteil des Marienkäfers und lege dann das Rückenteil obendrauf. Nimm eine Stopfnadel und Garn A und nähe die beiden Strickstücke mit den Innenseiten zueinander rundherum zusammen. Fertig!

Stopfen mit Füllwatte

Nimm die Stopfnadel und Garn A und nähe Bauch und Rücken des Marienkäfers rundherum zusammen. Lass dabei eine kleine Öffnung zum Füllen (1 cm). Stopfe den Käfer mit kuschelig weicher Füllwatte. Jetzt musst du nur noch das Loch zunähen. Fertig!

Regenbogenkissen

Mit dem Regenbogenkissen kannst du wunderbar üben, wie man Maschen zu- und abnimmt. Das macht Spaß und ist ganz leicht! Jeder Farbstreifen wird einzeln gestrickt. Später werden dann alle Streifen zusammengenäht.

Maße
Einheitsgröße, ca. 30 x 30 cm

Garn
Je 50 g = 1 Knäuel
LANG YARNS MERINO 120
(100 % Schurwolle; ca. 120 m / 50 g):

Garn A: 34.0031 blau
Garn B: 34.0020 hellblau
Garn C: 34.0178 türkis
Garn D: 34.0198 apfelgrün
Garn E: 34.0328 apricot mélange
Garn F: 34.0159 orange
Garn G: 34.0085 pink

Alternatives Garn
Um ein Kissen in der angegebenen Größe zu stricken, kannst du jedes Garn verwenden, das sich für Nadelstärke 4 mm eignet.

Maschenprobe
Mit 4 mm Stricknadeln solltest du in *glatt rechts* folgende Maschenprobe erhalten:
22 M und 28 R = 10 x 10 cm

Du brauchst:
- ein Paar 4 mm Stricknadeln
- Stopfnadel
- Kissen, ca. 30 x 30 cm

Streifen 1
(Stricke 4 Stück)

Schlage 6 M mit den 4 mm Stricknadeln und Garn A an.

R 1 (AS): re.

R 2: li.

** R 3: 2re, 1zun, re bis auf die letzten beiden M, 1zun, 2re.

R 4: li.

Wdh R 3–4, bis du 16 M auf der Nadel hast, ende mit einer links gestrickten R.

Nächste: 2re, 2rezus, re bis auf die letzten 4 M, 2rezus, 2re.

Nächste R: li.

Wdh die letzten beiden R, bis du nur noch 6 M hast, ende mit einer links gestrickten R. ******

Wdh achtmal von ** bis **, sodass du insgesamt neunmal alles gestrickt hast. Führe eine Strichliste für die R, damit du dich nicht verzählst.

Kette alle M ab.

Stricke drei weitere Streifen – je einen in Garn C, E und G.

Streifen 2
(Stricke 3 Stück)

Schlage 16 M mit den 4 mm Stricknadeln und Garn B an.

R 1 (AS): re.

R 2: li.

** R 3: 2re, 2rezus, re bis auf die letzten 4 M, 2rezus, 2re.

R 4: li.

Wdh R 3–4, bis du nur noch 6 M übrig hast, ende mit einer links gestrickten R.

Nächste R: 2re, 1zun, re bis auf die letzten beiden M, 1zun, 2re.

Nächste R: li.

REGENBOGENKISSEN

Wdh die letzten beiden R, bis du wieder 16 M auf der Nadel hast, ende mit einer links gestrickten R. **

Wdh achtmal von ** bis **, sodass du insgesamt neunmal alles gestrickt hast.

Kette alle M ab.

Stricke zwei weitere Streifen – je einen in Garn D und F.

Fertigstellung

Lege alle gestrickten Streifen mit der linken Seite nach unten in alphabetischer Reihenfolge (Garn A – G) so nebeneinander, dass die Zickzacklinien ineinanderpassen und der Rand gerade ist. Nähe die Streifen im *Matratzenstich* (siehe S. 29) zusammen. Schlage den Strickbezug um ein Kissen und nähe die drei Seitennähte zusammen.

Kapitel 5

Zeit zum Spielen

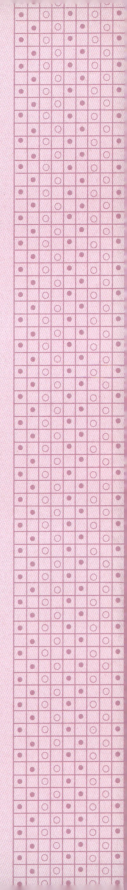

Stethoskop

Sind alle deine Kuscheltiere gesund? Strick dir mit der Strickliesel dein eigenes Stethoskop und finde es heraus!

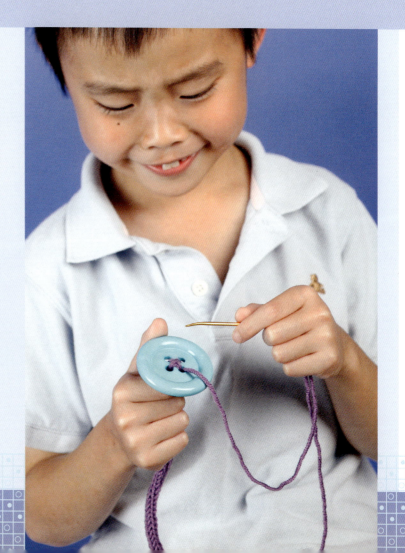

Maße
Einheitsgröße

Garn
50 g = 1 Knäuel oder Garnrest von
LANG YARNS OMEGA (50 % Polyamid, 50 % Polyacryl; ca. 130 m / 50 g):
745.0090 blauviolett

Alternatives Garn
Das Stethoskop kannst du mit jedem Garn stricken, das sich für die Strickliesel eignet.

Maschenprobe
Eine Maschenprobe ist nicht notwendig.

Du brauchst:
- Strickliesel
- Stopfnadel
- einen großen Knopf

Stricke mit der Strickliesel zwei Schnüre (siehe S. 10): eine 20 cm lang und eine 40 cm lang.

Forme die längere Schnur zu einem „U". Nähe nun die kürzere Schnur an den untersten Punkt des „U".

Befestige den großen Knopf am Ende der kurzen Schnur.

Nähe zum Schluss eine Schlaufe aus Garn an beide Enden des „U". So kannst du das Stethoskop an deinen Ohren befestigen.

Bunter Ball

Mit diesem Ball kann man viele verschiedene Spiele spielen, z. B. Schweinchen in der Mitte oder Hacky Sack. Du kannst die Bälle mit normalem Füllmaterial stopfen oder mit etwas schwererem Granulat aus dem Bastelladen füllen – so lässt sich dein Ball auch bei Wind schön weit werfen!

Maße
Einheitsgröße,
ca. 9,5 cm Durchmesser

Garn
Je 50 g = 1 Knäuel
LANG YARNS OMEGA
(50 % Polyamid, 50 % Polyacryl;
ca. 130 m / 50 g):

Garn A: 745.0060 rot
Garn B: 745.0079 blau
Garn C: 745.0017 grün

Alternatives Garn
Den Ball kannst du mit jedem Garn stricken, das sich für Nadelstärke 3,5 mm eignet.

Maschenprobe
Mit 3,5 mm Stricknadeln solltest du in *glatt rechts* folgende Maschenprobe erhalten:
22 M und 30 R = 10 x 10 cm

Du brauchst:
- ein Paar 3,5 mm Stricknadeln
- Stopfnadel
- Füllwatte oder Granulat

Teilstück vom Ball
(Stricke 6 Stück)

Schlage 3 M mit den 3,5 mm Stricknadeln und Garn A an.

R 1: 1zun, 1re, 1zun = 5 M
R 2: li.
R 3: 1zun, re bis zur letzten M, 1zun = 7 M
R 4: li.
R 5: 1zun, re bis zur letzten M, 1zun = 9 M
Stricke 3 R *glatt rechts*.
R 9: 1zun, re bis zur letzten M, 1zun = 11 M
Stricke 5 R *glatt rechts*.
R 15: 1zun, re bis zur letzten M, 1zun = 13 M
Stricke 15 R *glatt rechts*.
R 31: 2rezus, re bis auf die letzten beiden M, 2rezus = 11 M
Stricke 5 R *glatt rechts*.
R 37: 2rezus, re bis auf die letzten beiden M, 2rezus = 9 M
Stricke 3 R *glatt rechts*.
R 41: 2rezus, re bis auf die letzten beiden M, 2rezus = 7 M
R 42: li.

R 43: 2rezus, re bis auf die letzten beiden M, 2rezus = 5 M

R 44: li.

R 45: 2rezus, 1re, 2rezus = 3 M

Kette alle M ab.

Stricke ein weiteres Teil in Garn A, dann jeweils zwei Teile in Garn B und C, sodass du insgesamt sechs Teile hast.

Fertigstellung

Nähe die sechs Teile entlang der langen Seiten im *Matratzenstich* (siehe S. 29) so zusammen, dass die Farben sich abwechseln. Lass bei der letzten Naht ein kleines Loch und stopfe den Ball mit Füllwatte und/oder Granulat aus. Nähe das kleine Loch zu.

Bonbons

Diese knallbunten Süßigkeiten sind ein echter Hingucker für dein Kinderzimmer. Sie eignen sich aber auch wunderbar als Geschenke für deine Freunde.

Maße
Einheitsgröße, ca. 8 cm lang

Garn
Geringe Mengen von
LANG YARNS MERINO 120
(100 % Schurwolle; ca. 120 m / 50 g):

Garn A: 34.0416 hellgrün
Garn B: 34.0160 feuerrot
Garn C: 34.0031 royal
Garn D: 34.0149 goldgelb

Alternatives Garn
Die Bonbons kannst du mit jedem Garn stricken, das sich für Nadelstärke 4 mm eignet.

Maschenprobe
Um Bonbons in der oben angegebenen Größe zu erhalten, solltest du mit 4 mm Stricknadeln in *glatt rechts* die folgende Maschenprobe erhalten: 22 M und 28 R = 10 x 10 cm

Du brauchst:
- ein Paar 4 mm Stricknadeln
- Stopfnadel
- Nähnadel und Faden
- Füllwatte
- schmale Bänder zum Verzieren

Hinweise zur Anleitung
Natürlich kannst du die Bonbons auch mit dickerem oder dünnerem Garn als in der Anleitung beschrieben stricken. Du erhältst dadurch unterschiedlich große Bonbons. Toll sieht es auch aus, wenn du einen Glitzerfaden verwendest oder mit Streifen arbeitest. Bei dieser einfachen Anleitung kannst du nicht nur experimentieren, sondern auch wunderbar den Umschlag üben.

Bonbons
Schlage 29 M mit den 4 mm Stricknadeln und einem Garn deiner Wahl an.

R 1: re.

R 2: li.

Wdh R 1–2 noch zweimal.

R 7: 1re, (1U, 2rezus) bis zum Ende der R (Umschlag siehe S. 27)

Stricke 7 R glatt rechts, beginne mit einer linken R.

Nächste R: 1re, (2rezus) bis zum Ende der R = 15 M

Stricke 9 R glatt rechts, beginne mit einer linken R.

Nächste R: 1re, (1zun) bis zum Ende der R = 29 M

Stricke 7 R glatt rechts, beginne mit einer linken R.

Nächste R: 1re, (1U, 2rezus) bis zum Ende der R.

Stricke 6 R *glatt rechts*, beginne mit einer linken R.

Kette alle M ab.

Fertigstellung

Falte ein Ende des Streifens entlang der Reihe mit den Löchern – diese Linie wird sich von allein etwas einrollen – und nähe es fest. So bekommst du einen muschelförmigen Saum. Verfahre auf der anderen Seite genauso.

Vernähe nun die Seitennaht des Bonbons.

Fädele mithilfe der Stopfnadel einen Garnfaden gleichmäßig durch die Maschen entlang der einen Saumnaht (rein und raus). Zieh den Faden fest, um die klassische Bonbonform zu erhalten, und verknote ihn. Stopfe das Bonbon mit Füllwatte aus und fädele ein Stück Garn wie am anderen Ende durch die Maschen. Zieh den Faden stramm und verknote ihn gut.

Binde zum Schluss bunte Schleifen um jedes Bonbonende.

Kleine Kuchen

Sehen diese kleinen Kuchen nicht zum Anbeißen aus? Serviere sie deinen Puppen oder führe deine Freunde damit an der Nase herum! Auch als Nadelkissen eignen sie sich gut.

Maße

Donut: ca. 10 cm Durchmesser
Törtchen: ca. 7 cm Durchmesser
Cupcake: ca. 7 cm Durchmesser

Garn

Je 50 g = 1 Knäuel oder Garnreste von LANG YARNS FANTOMAS (75 % Schurwolle, 25 % Polyamid; ca. 145 m / 50 g):

Garn A: 66.0026 beige
Garn B: 66.0163 vino
Garn C: 66.0109 rosa
Garn D: 66.0290 lila
Garn E: 66.0185 pink

Alternatives Garn

Die Kuchen kannst du mit jedem Garn stricken, das sich für Nadelstärke 3,5 mm eignet.

Maschenprobe

Mit 3,5 mm Stricknadeln solltest du in *glatt rechts* folgende Maschenprobe erhalten: 25 M und 32 R = 10 x 10 cm

Du brauchst:

- ein Paar 3,5 mm Stricknadeln
- Stopfnadel
- Nähnadel und Faden
- Pappe
- Perlen und Knöpfe als Deko
- Füllmaterial

Für den Cupcake:

- Filz
- Strickliesel

Donut

Schlage 50 M mit den 3,5 mm Stricknadeln und Garn A an.

R AS: re.

R 2: li.

Wdh die letzten beiden R, bis das Strickstück 7 cm lang ist.

Wechsle zu Garn E und stricke wie oben beschrieben 5 cm *glatt rechts* (siehe S. 24).

Kette alle M ab.

Fertigstellung

Nähe die Reihe mit dem Maschenanschlag an die Reihe mit den abgeketteten Maschen und stopfe den entstandenen Strickschlauch mit Füllmaterial aus. Verbinde beide Enden des Schlauchs, um die typische Donutform zu erhalten. Als „bunte Streusel" kannst du kleine längliche Perlen auf den Donut nähen.

Törtchen

Schlage 40 M mit den 3,5 mm Stricknadeln und Garn A an.

R 1 AS: li.

R 2: re.

Stricke zunächst 7 cm mit Garn A in *glatt links* (siehe S. 24).

Wechsle für die „Marmeladenfüllung" zu Garn B und stricke zwei R *glatt links*.

Wechsle zurück zu Garn A und stricke noch mal 7 cm *glatt links*.

Fertigstellung

Schneide das Garn durch, aber kette die Maschen nicht ab. Fädele den abgeschnittenen Faden durch die Maschen und zieh ihn fest, sodass sich deine Strickarbeit kräuselt. Vernähe den Faden. Nähe nun die Seiten zusammen. Schneide einen Kreis aus Pappe aus (ca. 6 cm Durchmesser) und lege ihn als Boden in das Törtchen. Dann stopfe den Kuchen mit Füllmaterial aus. Lege ein zweites Stück Pappe (6 cm Durchmesser) oben auf das Füllmaterial. Nimm die Nähnadel und einen farblich passenden Faden und nähe mit dem Vorstich (rein und wieder raus in regelmäßigen Abständen) einmal rund um den Maschenanschlag. Zieh den Faden fest, bis sich die Strickarbeit an der Spitze kräuselt. Vernähe den Faden gut. Wenn das Törtchen noch eine „Kirsche" bekommen soll, nähe eine große rote Glasperle obendrauf.

Cupcake

Schlage 12 M mit den 3,5 mm Stricknadeln und Garn B an.

R 1 (AS): re.

R 2: li.

Wechsle zu Garn C und stricke zunächst zwei R *glatt rechts*.

Stricke weiter *glatt rechts*, bis das Gestrickte ca. 20 cm lang ist, und wechsle dabei alle zwei R die Farbe. Zieh die Fäden seitlich mit hoch (siehe S. 28). Kette alle M ab.

Fertigstellung

Schneide einen Kreis aus Filz (ca. 6 cm Durchmesser) für den Boden aus. Nähe nun die kurzen Enden des gestrickten Streifens zusammen (angeschlagene Maschen mit abgeketteten Maschen). Nähe den so entstandenen gestreiften Strickring an den Filzkreis und stopfe ihn mit Füllmaterial aus.

Stricke eine ca. 51 cm lange Schnur mit der Strickliesel und Garn D. Beginne, die Schnur entlang des Randes auf die Spitze des gestreiften Teils zu nähen – so entsteht das kegelförmige „Cremehütchen". Wickle sie dabei um sich selbst, sodass eine Spirale entsteht. Lass eine Öffnung, damit du das Sahnehäubchen füllen kannst. Nähe das Loch jetzt zu und verziere den Cupcake mit einer roten Perle als „Kirsche".

Sheriffstern

Mit diesem Sheriffstern jagst du garantiert jeden Bankräuber aus der Stadt: schnell stricken, anstecken, Cowboyhut auf den Kopf und los geht's!

Maße
Einheitsgröße,
ca. 10 cm Durchmesser

Garn
50 g = 1 Knäuel
LANG YARNS OMEGA
(50 % Polyamid, 50 % Polyacryl;
ca. 130 m / 50 g):

745.0014 gelb, Garnrest z. B.
745.0090 blauviolett oder
745.0004 schwarz

Alternatives Garn
Den Sheriffstern kannst du mit jedem Garn stricken, das sich für Nadelstärke 3,5 mm eignet.

Maschenprobe
Mit 3,5 mm Stricknadeln solltest du in *glatt rechts* folgende Maschenprobe erhalten:
24 M und 30 R = 10 x 10 cm

Du brauchst:
- ein Paar 3,5 mm Stricknadeln
- Stopfnadel
- Füllmaterial
- Nähnadel und Faden
- Sicherheitsnadel oder Broschennadelrohling

Hinweis zur Anleitung
Für den Stern strickst du zunächst 10 kleine Teilabschnitte. Diese werden anschließend sternförmig zusammengenäht – fünf für die Vorderseite und fünf für die Rückseite.

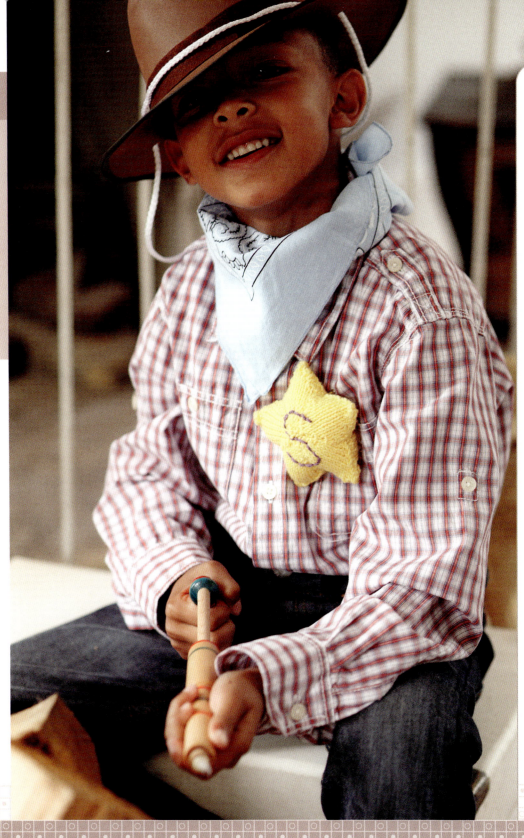

Teilabschnitt Stern

(Stricke 10 Stück)

Schlage 3 M mit den 3,5 mm Stricknadeln an.

R 1: 1zun, re bis auf die letzte M, 1zun.

R 2: li.

Wdh die letzten beiden R, bis du 11 M auf der Nadel hast, ende mit einer links gestrickten R.

Nächste R: 2rezus, re bis auf die letzten beiden M, 2rezus.

Nächste R: li.

Wdh die letzten beiden R, bis nur noch 3 M übrig sind, ende mit einer links gestrickten R.

Nächste R: 3rezus.

Schneide den Faden ab und zieh ihn durch die Masche.

Fertigstellung

Lege fünf der rautenförmigen Teile so zusammen, dass sie die typische Sternform ergeben. Nähe die aneinanderstoßenden Kanten zusammen.

Verfahre mit den anderen fünf Teilen genauso. Nähe die beiden Sterne zusammen – die links gestrickten Seiten liegen dabei aufeinander. Lass eine Öffnung und stopfe den Stern mit Füllmaterial. Jetzt musst du das Loch nur noch zunähen.

Sticke mit einem Garn, das sich farblich gut absetzt, ein „S" für „Sheriff" auf deinen Stern. Befestige die Sicherheitsnadel oder den Broschennadelrohling an der Rückseite des Sterns.

Teddybär

Dieser freundliche, plüschige Teddybär hat das Zeug zum Lieblingskuscheltier!

Maße
Einheitsgröße, ca. 28 cm groß

Garn
50 g = 1 Knäuel
LANG YARNS VOLO
(60 % Baumwolle, 40 % Polyamid;
ca. 200 m / 50 g): 838.0067 taupe

Alternatives Garn
Den Teddy kannst du mit jedem Garn stricken, das sich für Nadelstärke 4 mm eignet. Achte aber darauf, dass du schön weiches Garn aussuchst, das in der Waschmaschine waschbar ist.

Maschenprobe
Mit 4 mm Stricknadeln solltest du in *glatt rechts* folgende Maschenprobe erhalten: 24 M und 32 R = 10 x 10 cm

Du brauchst:
- ein Paar 4 mm Stricknadeln
- Stopfnadel
- Füllmaterial
- Knöpfe für die Augen
- Faden- oder Wollreste für das Gesicht
- Schleifenband (wenn du magst)

Hinweise zur Anleitung
Du kannst bei diesem Projekt beide Seiten des Gestrickten als äußere Seite verwenden. Wenn du magst, kannst du beispielsweise für den Bauch die linke, für den Rücken die rechte Seite nach außen wenden. Bei dieser plüschigen Struktur sehen beide Gewebearten gut aus. Deine Nähte werden schön dicht und fest, wenn du den *Matratzenstich* (siehe S. 29) verwendest.

Beine
(Stricke 2 Stück)

Schlage 20 M mit den 4 mm Stricknadeln an und stricke 11 cm.

Kette die M nicht ab.

Schneide das Garn durch, führe den Restfaden durch die M und zieh ihn fest. Nähe das Strickstück an zwei Seiten zu einem Schlauch (dem Bein) zusammen. Fülle das Bein.

Fädele einen Faden gleichmäßig durch die Anschlagmaschen und zieh diesen fest, um das Bein zu schließen.

Arme
(Stricke 2 Stück)

Schlage 16 M mit den 4 mm Stricknadeln an und stricke 8 cm *glatt rechts*.

Kette die M nicht ab.

Schneide das Garn durch, führe den Restfaden durch die M und zieh ihn fest. Nähe das Strickstück an zwei Seiten zu einem Schlauch (dem Arm) zusammen. Fülle den Arm.

Fädele einen Faden gleichmäßig durch die Anschlagmaschen und zieh ihn fest, um den Arm zu schließen.

Körper

Schlage 50 M mit den 4 mm Stricknadeln an und stricke 8 cm *glatt rechts*.

Kette die M nicht ab.

Schneide das Garn durch, führe den Restfaden durch die Maschen und zieh ihn fest. Nähe das Strickstück an zwei Seiten zu einem Schlauch (dem Körper) zusammen. Fülle den Körper.

Fädele einen Faden gleichmäßig durch die Anschlagmaschen und zieh ihn fest, um den Körper zu schließen.

Kopf

Schlage 60 M mit den 4 mm Stricknadeln an und stricke 9 cm *glatt rechts*.

Kette die M nicht ab.

Schneide das Garn durch, führe den Restfaden durch die Maschen und zieh ihn fest. Nähe das Strickstück an zwei Seiten zu einem Schlauch (dem Kopf) zusammen. Fülle den Kopf.

Fädele einen Faden gleichmäßig durch die Anschlagmaschen und zieh ihn fest, um den Kopf zu schließen.

Ohren

(Stricke 2 Stück)

Schlage 9 M mit den 4 mm Stricknadeln an.

R 1: re.

R 2: 2rezus, re bis auf die letzten beiden M, 2rezus.

Wdh die letzten beiden R, bis nur noch 5 M übrig sind, ende mit einer rechts gestrickten R.

Kette alle M ab.

Fertigstellung

Nähe Arme, Beine und den Kopf an den Körper. Nähe dann die Ohren seitlich oben an den Kopf und die Knöpfe als Augen an. Sticke mit Wolle eine Nase und einen Mund ins Gesicht. Wenn du magst, kannst du deinem Teddy zum Schluss noch eine Schleife um den Hals binden.

Vollbart

Die perfekte Verkleidung zum Detektivspielen und Spionieren oder für das nächste Faschingsfest. Du musst nicht bei normalen Haarfarben bleiben – probier etwas Verrücktes aus!

Maße
Einheitsgröße

Garn
50 g = 1 Knäuel REGIA Pompon (43 % Schurwolle, 32 % Polyamid, 25 % Polyester; ca. 155 m / 50 g): 275 rot/schwarz

Alternatives Garn
Prima eignet sich für den Vollbart auch LANG YARNS MERINO 120 LUXE (90 % Schurwolle, 5 % Polyamid, 5 % Polyester; ca. 100 m / 50 g): 862.0004. Das Garn ist schwarz mit silberfarbenen Fäden. Es entspricht nicht dem Foto, sieht aber sehr lustig aus. Natürlich kannst du auch jedes andere Garn nehmen, das sich für Nadelstärke 3,5 mm eignet.

Maschenprobe
Eine Maschenprobe ist nicht notwendig.

Du brauchst:
- ein Paar 3,5 mm Stricknadeln
- Stopfnadel

Vollbart

Schlage 20 M mit den 3,5 mm Stricknadeln an und stricke *kraus rechts* (siehe S. 24).

R 1 (IS): 1zun, re bis zum Ende der R.

R 2: re.

Wdh R 1–2, bis du 26 M auf der Nadel hast.

Stricke 3 cm *kraus rechts* weiter, ohne zuzunehmen.

Nächste R (AS): (der gerade Rand ist rechts) 5re, 2abk (für den Mund), re bis zum Ende der R.

Stricke 3 cm *kraus rechts* über diese 19 M, ende am Mundwinkel. Schließe das Garn an die 5 ungestrickten M an und stricke so lange *kraus rechts* über diese 5 M, bis das gestrickte Stück genauso lang ist wie das Strickstück gegenüber, ende am Mundwinkel.

Schlage an dieser Stelle 2 M an und stricke re bis zum Ende der R = 26 M

Stricke 3 cm *kraus rechts* über alle M.

Nächste R (AS): re bis auf die letzten beiden M, 2rezus.

Nächste R: re.

Wdh die letzten beiden R, bis nur noch 20 M auf der Nadel sind. Kette alle M ab.

VOLLBART 115

Fertigstellung

Stricke zwei Bänder von ca. 50 cm Länge mit den Fingern. Befestige die Bänder jeweils seitlich am Bart, damit du ihn dir umbinden kannst.

Mit den Fingern stricken – so geht's:

Lege eine Fadenschlaufe um deinen Zeigefinger. Lege eine zweite Schlaufe um deinen Finger, diesmal näher am Ende des Fingers. Zieh die erste Schlaufe über die zweite Schlaufe und lass sie vom Finger rutschen, ohne die zweite Schlaufe fallen zu lassen – so, als würdest du Maschen abketten. Lege erneut eine Schlaufe um deinen Finger, wieder näher am Ende des Fingers. Zieh die erste Schlaufe über die zweite und lass sie vom Finger rutschen, ohne die zweite Schlaufe fallen zu lassen. Wiederhole dies, bis das gestrickte Band ca. 50 cm lang ist.

Alien

Strick dir eines dieser süßen und verrückten Aliens aus flauschiger Wolle – wenn du sie unterschiedlich dekorierst, werden sie zu einzigartigen kleinen Haustieren.

Maße
Einheitsgröße, ca. 20 cm groß

Garn
Garn A:
100 g = 1 Knäuel
LANG YARNS MILLE BIG
(50 % Schurwolle, 50 % Polyacryl; ca. 100 m / 100 g): 864.0060 rot

Garn B:
100 g = 2 Knäuel
LANG YARNS FELICE
(36 % Kid Mohair, 5 % Schurwolle, 6 % Polyamid, 53 % Acryl; ca. 32 m / 50 g): 817.0061 rot

Alternatives Garn
Für die Aliens kannst du jedes Garn verwenden, das sich für Nadelstärke 8 mm eignet.

Maschenprobe
Hier ist keine Maschenprobe erforderlich.

Du brauchst:
- ein Paar 8 mm Stricknadeln
- Stopfnadel
- Füllmaterial
- Knöpfe für die Augen
- Filz für Arme und Beine

Körper
(Stricke 2 Stück für Bauch und Rücken)

Schlage 12 M mit den 8 mm Stricknadeln und Garn A an.

R 1: re.

R 2: 1zun, re bis auf die letzte M, 1zun = 14 M

Wdh die letzten beiden R, bis du 22 M auf der Nadel hast.

Stricke *kraus rechts*, bis deine Arbeit 8 cm lang ist.

Wechsle zu Garn B und stricke 5 cm *kraus rechts*.

Nächste R: 2rezus, re bis auf die letzten beiden M, 2rezus = 20 M

Nächste R: re.

Wdh die letzten beiden R = 18 M

Stricke 3 cm über diese 18 M weiter.

Nächste R: 4re, wende (lass die übrigen M ungestrickt).

Stricke 4 R *kraus rechts* über diese 4 M.

Nächste R: 2rezus, 2rezus = 2 M

Nächste R: re.

Nächste R: 2rezus.

Schneide das Garn ab und zieh den Restfaden durch die einzelne M.

Nimm die ungestrickten 14 M wieder auf.

Nächste R: 5re, wende (lass die übrigen M ungestrickt).

Stricke über diese 5 M 4 R *kraus rechts*.

Nächste R: 2rezus, 1re, 2rezus = 3 M

Nächste R: re.

Nächste R: 3rezus.

Schneide das Garn ab und zieh den Restfaden durch die einzelne M.

Nimm die ungestrickten 9 M wieder auf.

Nächste R: 5re, wende (lass die übrigen M ungestrickt).

Stricke über diese 5 M 4 R *kraus rechts*.

Nächste R: 2rezus, 1re, 2rezus = 3 M

Nächste R: re.

Nächste R: 3rezus.

Schneide das Garn ab und zieh den Restfaden durch die einzelne M.

Nimm die ungestrickten 4 M wieder auf und stricke 4 R *kraus rechts*.

Nächste R: 2rezus, 2rezus = 2 M

Nächste R: re.

Nächste R: 2rezus.

Schneide das Garn ab und zieh den Restfaden durch die einzelne M.

Fertigstellung

Schneide aus Filz vier gleiche Stücke (für die Arme) und vier etwas größere (für die Beine) aus. Nähe je zwei Teile zusammen und lass dabei eine kleine Öffnung. Stopfe die Arme und Beine mit Füllmaterial aus und nähe die kleinen Löcher zu.

Lege Bauch- und Rückenteil aufeinander, um sie zusammenzunähen. Schiebe die Arme und Beine dazwischen und nähe sie gleichzeitig mit fest. Lass eine kleine Öffnung zum Füllen. Stopfe den Körper mit Füllmaterial aus und nähe das Loch zu.

Nähe die Knöpfe als Augen an den mit Garn A gestrickten Teil. Du kannst nun noch einen Mund oder andere schräge und gruselige Gesichtszüge auf dein Alien sticken, wenn du magst. Lass deiner Fantasie freien Lauf!

ZEIT ZUM SPIELEN

Puppe

Wie soll deine Lieblingspuppe aussehen? Welche Haarfarbe hat sie? Soll sie ein Kleid tragen? Hat sie vielleicht Sommersprossen? Mit dieser Anleitung kannst du dir deine Puppe so stricken, wie sie dir am besten gefällt. Viel Spaß!

Maße
Einheitsgröße, ca. 58,5 cm groß

Garn
Je 50 g = 1 Knäuel LANG YARNS OMEGA + (50 % Polyamid, 50 % Polyacryl; ca. 75 m / 50 g):

Garn A: 764.0011 ocker
Garn B: 764.0080 lila
Garn C: 764.0060 rot
Garn D: 764.0097 apfelgrün

Alternatives Garn
Für die Puppe kannst du jedes Garn verwenden, das sich für Nadelstärke 4,5 mm eignet.

Maschenprobe
Mit 4,5 mm Stricknadeln solltest du in *glatt rechts* folgende Maschenprobe erhalten:
18 M und 24 R = 10 x 10 cm

Du brauchst:
- ein Paar 4,5 mm Nadeln
- Stopfnadel
- Sicherheitsnadel
- Füllmaterial
- Filzreste für die Wangen
- Nähnadel und Faden
- Knöpfe für die Augen und das Kleid

Hinweis zur Anleitung
Verwende zum Zusammennähen für Körper, Arme und Beine den *Matratzenstich* (siehe S. 29). Die Naht ist dann besonders fest und sieht schön aus.

Körper

Schlage 40 M mit den 4,5 mm Stricknadeln und Garn A an.

Stricke 14 cm *glatt rechts*.

Kette alle M ab.

Falte das Gestrickte der Breite nach in der Mitte und nähe zwei der Seiten zusammen. Stopfe den Körper mit Füllmaterial aus und nähe die letzte Naht zu.

Kopf

Schlage 12 M mit den 4,5 mm Stricknadeln und Garn A an.

R 1: re.

R 2: li.

R 3: 1zun, re bis zur letzten M, 1zun = 14 M

R 4: li.

Wdh die letzten zwei R, bis du 24 M auf der Nadel hast, ende mit einer R 4.

Stricke 8 weitere R *glatt rechts*, ohne zuzunehmen, ende mit einer linken R.

Nächste R: 2rezus, re bis auf die letzten zwei M, 2rezus = 22 M

Nächste R: li.

Wdh die letzten beiden R, bis nur noch 12 M auf der Nadel sind.

Kette alle M ab.

Stricke dieses Teil ein zweites Mal (für den Hinterkopf), diesmal aber mit Garn B.

Fertigstellung Kopf

Lege beide Teile so aufeinander, dass beim Strickstück für den Hinterkopf die links gestrickte Seite nach außen zeigt, beim Strickstück für das Gesicht jedoch die rechts gestrickte. Nähe nun beide Teile rundherum im *überwendlichen Stich* mit Garn B zusammen. Lass nur eine Öffnung unten am Hals. Stopfe den Kopf aus und nähe das Loch zu.

Arme

(Stricke 2 Stück)

Schlage 6 M mit den 4,5 mm Stricknadeln und Garn A an.

Stricke 14 cm *glatt rechts*.

Kette alle M ab.

Falte das Gestrickte der Breite nach in der Mitte und nähe die lange und eine der beiden kurzen Seiten zu. Stopfe den Arm mit Füllmaterial aus und nähe auch die andere kurze Seite zu.

Beine

(Stricke 2 Stück)

Schlage 11 M mit den 4,5 mm Stricknadeln und Garn B an.

Stricke 2 R *glatt rechts*.

Wechsle zu Garn C und stricke 2 R *glatt rechts*.

Stricke weiter *glatt rechts* und wechsle dabei alle 2 R die Farbe, bis deine Arbeit 12 cm lang ist. Zieh die Fäden dabei seitlich am Strickstück mit (siehe S. 28).

Kette alle M ab.

Falte das Gestrickte der Breite nach in der Mitte und nähe die lange und eine der kurzen Seiten zu. Stopfe das Bein mit Füllmaterial aus und nähe auch die andere kurze Seite zu.

Fertigstellung Körper

Nähe den Kopf an den Körper. Nähe die Arme ca. 1 cm unterhalb des Halses an den Körper und die Beine an die untere Seite des Körpers.

Kleid

Schlage 28 M mit den 4,5 mm Stricknadeln und Garn D an.

Stricke *glatt rechts* weiter, stricke am Anfang und am Ende der 7. und im Folgenden in jeder 8. R 2rezus, bis nur noch 20 M auf der Nadel sind.

Stricke gerade weiter, bis das Kleid 16 cm lang ist.

Kette alle M ab.

Stricke ein weiteres Teil wie oben beschrieben (für die Rückseite des Kleides).

Lege Vorder- und Rückseite des Kleides um den Körper der Puppe und nähe beide Teile zusammen. Lass dabei für die Arme, Beine und den Kopf entsprechende Löcher.

Tasche

Schlage 9 M mit den 4,5 mm Stricknadeln und Garn C an.

R 1: li.

R 2: 1zun, re bis zur letzten M, 1zun = 11 M

Wdh die letzten beiden R = 13 M

Stricke 5 R *glatt rechts*.

Kette alle M ab.

Nähe die Tasche und die Knöpfe mit Garn B vorn auf das Kleid.

Zöpfe

Schneide 12 Fäden (je ca. 124 cm lang) von Garn B ab. Lege die Fäden zusammen und befestige sie mit einer Sicherheitsnadel mittig auf dem Kopf der Puppe. Die links und rechts herabhängenden „Haare" sollten gleich lang sein. Nähe die Fäden nun an zwei Stellen mit Garn C am oberen Rand des Kopfes fest (sieht später aus wie 2 rote Haarspangen, siehe Bild). Entferne die Sicherheitsnadel und beginne, die Fäden an beiden Seiten der „Haarspangen" zu Zöpfen zu flechten. Verknote die Zopfenden.

Fertigstellung

Nähe die Knöpfe als Augen an. Schneide zwei runde Filzstücke zu und nähe diese als Wangen in das Gesicht. Sticke einen Mund und bunte Verzierungen auf deine Puppe.

Wusstest du eigentlich, dass...

 ... die weiche Alpaka-Wolle von südamerikanischen Kamelen stammt?

 ... der längste gestrickte Schal der Welt 3 463,73 Meter misst? Nach 23-jähriger Arbeit wurde er am 10. November 2006 vom Norweger Helge Johansen fertiggestellt.

 ... die meisten Merinoschafe in Australien leben?

 ... die Niederländerin Miriam Tegels 118 Maschen in einer Minute stricken kann? Damit hält sie den Weltrekord!

 ... in vielen Städten Laternenpfeiler, Straßenschilder oder Fahrräder umstrickt werden? Solche Strickaktionen werden als Guerilla Knitting oder Urban Knitting (knitting = stricken) bezeichnet.

Danksagung

Es hat mir unglaublich viel Spaß gemacht, dieses Buch zu schreiben, all die Projekte dafür zu stricken und im Anschluss zu fotografieren. Dabei wurde ich von einigen großartigen Menschen unterstützt, ohne die das Ganze sicher nur halb so lustig geworden wäre.

Als Erstes möchte ich meinen Models danken: Emilie, Reo, Alice, Jocasta, Jemima, Henry, Freddie, Billie, Tilly, Kiera und Aiden. Euch zu fotografieren war eine wahre Freude! Oft haben wir uns bei den Shootings ausgeschüttet vor Lachen und ganz vergessen, dass wir ja eigentlich arbeiten. Auch ihren Eltern möchte ich danken, die währenddessen oft geduldig strickten – besonders Mel, Marcelle, Karen und Ling. Es ist wundervoll zu sehen, dass auch heute noch viele Menschen ihre Liebe zum Stricken an ihre Kinder weitergeben. Und genau darum geht es in diesem Buch.

Das Team, das mit mir an diesem Buch gearbeitet hat, war fabelhaft. Danke an die Fotografen Martin, Terry und Ian, die die Freude der Kinder am Stricken so wunderbar in ihren Fotos eingefangen haben. Danke auch an Cindy, Pete, Sally, Elizabeth, Marilyn und besonders Kate: für ihre Unterstützung und dafür, dass sie an das Buch geglaubt haben. Dank ihrer Hilfe habe ich mir einen Traum – die Veröffentlichung von *Jetzt stricken wir!* – erfüllen können. Es ist ein wunderschönes Buch geworden.

Darüber hinaus möchte ich allen Wollfirmen danken, die uns Garn zur Verfügung gestellt haben. Mein ganz besonderer Dank gilt den liebenswerten Damen von Millamia und Sublime, die wirklich unglaublich hilfsbereit waren.

Unendlich dankbar bin ich meiner hart arbeitenden Mutter Mary, meiner Großmutter Patsy und meiner Freundin Clare, die bereitwillig Sonderschichten eingelegt haben, als meine Hände allein die Strickarbeit nicht mehr bewältigen konnten.

Zum Schluss möchte ich wie immer Sean und meiner Familie danken. Sie waren mir bei der Arbeit an diesem Buch ein fantastischer Beistand in allen Höhen und Tiefen – ob bei Terminstress, verlorenen Maschen oder dem Kurieren meiner überlasteten „Tennisarme" (bzw. Strickarme)!

Herzlichen Dank euch allen!

Claire

Alternative Garnempfehlungen

Seite	Projekt	Firma	Garn	Länge / Gewicht	Mischung	Farben	Nadelstärke
34	Loop-Schal	Rico	Fashion Super Chunky	90 m / 100 g	60 % new wool 40 % acrylic	13 teal	9
36	Mütze mit Flechtzöpfen	Rico	Baby Classic Aran	165 m / 50g	50 % acrylic 50 % polyamide	Garn A: 9755 pink	5
		Millamia	Merino	125 m / 50 g	100 % merino	Garn B: 142 daisy yellow	
38	Schlangen- oder Katzenschal	Debbie Bliss	Cashmerino Aran	90 m / 50 g	55 % merino wool | 33 % microfiber | 12 % cashmere	Schlange: Garn A: 2 x 502 lime | Garn B: 1 x 034 yellow Katze: Garn A: 2 x 003 orange | Garn B: 1 x 009 gray	4,5
40	Ohrenschützer	Patons Fairytale	Dreamtime DK	90 m / 50 g	100 % pure wool	Garn A: 4953 pink | Garn B: 4954 lilac | Garn C: 4957 turquoise | Garn D: 4952 lime | Garn E: 4960 yellow	4
42	Mütze mit Ohrenklappen	Crystal Palace Yarns	Mochi Plus	87 m / 50 g	80 % merino wool 20 % nylon	551 intense rainbow	5
44	Schalmütze	Rico	Essentials Merino DK	120 m / 50 g	100 % merino wool	39 petrol	4
46	Maus-Fausthandschuhe	Artesano	Inca Cloud	120 m / 50 g	100 % alpaca	Garn A: ZK gray Garn B: B432 pink	3,75
52	Bunte Perlenkette	Sublime	Cashmere Merino Silk DK	116 m / 50 g	75 % extra fine merino 20 % silk 5 % cashmere	Garn A: 119 lido | Garn B: 124 splash | Garn C: 194 seesaw | Garn D: 195 puzzle | Garn E: 122 honeybunny Garn F: 158 ladybug	/
54	Gürtel mit Fransen	Debbie Bliss	Eco Aran	75 m / 50 g	100 % organic cotton	Garn A: 620 lime | Garn B: 609 purple Garn C: 621 jade	4,5
56	Haarband	Twilleys Freedom	Cotton DK	115 m / 50 g	100 % organic cotton	Garn A: 606 raspberry | Garn B: 605 wild rose	4
60	Kleine Schleifen	Sublime	Cashmere Merino Silk DK	116 m / 50 g	75 % extra fine merino 20 % silk | 5 % cashmere	Garn A: 208 neroli | Garn B: 209 organdie | Garn C: 210 Thai tea | Garn D: 212 saffron | Garn E: 214 kimono	4
62	Glitzerarmband und -halskette	Sublime	Cashmere Merino Silk DK	116 m / 50 g	75 % extra fine merino 20 % silk | 5 % cashmere	Garn A: 124 splash | Garn B: 194 seesaw | Garn C: 009 pink | Garn D: td53 purple	/
66	Stulpen	Debbie Bliss	Cashmerino Aran	90 m / 50 g	55 % merino wool | 33 % microfiber | 12 % cashmere	Garn A: 31 dark purple | Garn B: 17 light purple	5
68	Schultasche	Rico	Fashion Super Chunky	90 m / 100 g	60 % new wool 40 % acrylic	Garn A: 04 navy | Garn B: 08 mustard	10
70	Fingerlose Handschuhe	Rico	Essentials Merino DK	120 m / 50 g	100 % merino wool	Lange Handschuhe: Garn A: 04 acacia Garn B: 73 orange | Garn C: 66 sun Kurze Handschuhe: Garn A: 38 dark blue Garn B: 23 light blue | Garn C: 18 bright blue	3,75 und 4
72	Hausschuhe	Sublime	Cashmere Merino Silk DK	116 m / 50 g	75 % extra fine merino 20 % silk | 5 % cashmere	Ballettschuhe: 009 pink Hausschuhe: 192 teddy bear	4
78	Wärmflaschenbezug	BC Garn	Manu	100 m / 100 g	100 % baby alpaca	Garn A: un23 light teal | Garn B: un05 dark teal	8
80	Geldbeutel	Sublime	Cashmere Merino Silk DK	116 m / 50 g	75 % extra fine merino 20 % silk | 5 % cashmere	Garn A: 127 chicory | Garn B: 050 dilly Garn C: 162 pinkaboo	4
82	Tasche für MP3-Player und Handys	Millamia	Merino	125 m / 50 g	100 % merino	Garn A: 161 seaside | Garn B: 120 forget-me-not	3,25

84	Bunte Kuscheldecke	BC Garn	Tundra	110 m / 100 g	100 % merino wool	Garn A: td00 cream	Garn B: td02 light blue Garn C: td06 pink	Garn D: td13 beige	Garn E: td16 yellow	Garn F: td18 green	Garn G: td53 purple	9
86	Zugluftstopper	Debbie Bliss	Rialto Aran	80 m / 50 g	100 % merino	Garn A: 22 pale green	Garn B: 10 green Garn C: 23 baby blue	Garn D: 08 purple	5
88	Herzkissen	Sublime	Cashmere Merino Silk DK	116 m / 50 g	75 % extra fine merino 20 % silk	5 % cashmere	Garn A: 159 pansy	Garn B: 162 pinkaboo	4
90	Marienkäfer-Duft-kissen	Millamia	Merino	125 m / 50 g	100 % merino	140 scarlet (für großen Käfer) 143 fuchsia (für kleinen Käfer)	3,75
		Rico	Essentials Merino DK	120 m / 50 g	100 % merino wool	90 black (für beide Käfer)	
94	Regenbogenkissen	Sublime	Cashmere Merino Silk DK	116 m / 50 g	75 % extra fine merino 20 % silk 5 % cashmere	Garn A: 119 lido	Garn B: 124 splash	Garn C: 194 seesaw	Garn D: 195 puzzle	Garn E: 122 honey-bunny	Garn F: 158 ladybug	Garn G: td53 purple	4
98	Stethoskop	Sublime	Cashmere Merino Silk DK	116 m / 50 g	75 % extra fine merino 20 % silk| 5 % cashmere	td53 purple	/
100	Bunter Ball	Millamia	Merino	125 m / 50 g	100 % merino	Garn A: 140 scarlet	Garn B: 141 grass Garn C: 144 peacock	3,75
102	Bonbons	Millamia	Merino	125 m / 50 g	100 % merino	Garn A: 141 grass	Garn B: 143 fuchsia Garn C: 144 peacock	4
		Rico	Essentials Merino DK	120 m / 50 g	100 % merino wool	Garn D: 64 lime	
104	Kleine Kuchen	Millamia	Merino	125 m / 50 g	100 % merino	Garn A: 160 fawn	Garn B: 143 fuchsia Garn C: 162 plum	Garn D: 123 lilac blossom	3,75
		Rico	Essentials Merino DK	120 m / 50 g	100 % merino wool	Garn E: 10 magenta	
110	Teddybär	Regia	Softy	125 m / 50 g	39 % new wool 61 % polyamide	435 beige	4
108	Sheriffstern	Millamia	Merino	125 m / 50 g	100 % merino	shade 142 daisy yellow	3,75
114	Vollbart	Regia	Pompon	155 m / 50 g	43 % wool	32 % polyamide 25 % polyester	275	3,5
116	Alien	Sirdar	Escape Wool Rich Chunky	65 m / 50 g	51 % wool 49 % acrylic	Garn A: 197	8
		Gedifra	Antiga	40 m / 50 g	34 % acrylic	30 % polyamide 18 % mohair	18 % wool	Garn B: 3101	
118	Puppe	Mission Falls	1824 cotton	77 m / 50 g	100 % cotton	Garn A: 200 biscuit	Garn B: 407 aubergine Garn C: 202 cardinal	Garn D: 302 green	4,5

Bei diesem Buch handelt es sich um eine Übersetzung aus dem Englischen.

Da einige der im englischsprachigen Original angegebenen Garne (siehe Tabelle) in Deutschland, Österreich und der Schweiz nur schwer erhältlich sind, wurden für alle Projekte entsprechende Garne der Firma LANG YARNS ausgewählt. Nur bei wenigen Projekten befinden sich beide Angaben – sowohl Original- als auch Alternativgarn.

Die Farben der LANG-YARNS-Garne kommen den Farben auf den Fotos in diesem Buch sehr nahe, können aber in Einzelfällen leicht abweichen. Die Projekte, für die man kein betimmtes Garn braucht, werden in der Tabelle nicht aufgeführt.

Bezugsquellen siehe: www.langyarns.com.

Register

A
Abkürzungen 11
Abketten 22
Accessoires 50
Alien 116
Armband 62

B
Ball 100
Bart 114
Blumen 58
Bommel 30
Bonbons 102
Buttons 64

C
Cupcake 104

D
Decke 84
Duftkissen 88, 90
Donut 104

F
Farbwechsel 28
Fransen 31

G
Glatt rechts / links 24
Gürtel mit Fransen 54

H
Haarband 56
Handschuhe 46, 70
Handy-Tasche 82
Halskette 62
Hausschuhe 72

K
Kette 62
Kissen 88, 90, 94
Kuchen 104
Kraus rechts 24

L
Linke Maschen 20
Loop-Schal 34

M
Maschen abnehmen 26
Maschenanschlag 17
Maschen aufnehmen 28
Maschenprobe 23
Maschenzunahme 26
Maus-Fausthandschuhe 46
MP3-Player-Tasche 82
Mütze mit Flechtzöpfen 36
Mütze mit Ohrenklappen 42

O
Ohrenschützer 40

P
Perlenkette 52
Perlmuster 25
Pompons 30
Puppe 118

R
Rechte Maschen 18
Rippenmuster 25

S
Strickliesel 10
Strickmuster 24
Schal 38
Schalmütze 44
Schleifen 60
Schultasche 68
Sheriffstern 108
Stethoskop 98
Stulpen 66

T
Tasche 68, 80, 82
Täschchen 80
Teddybär 110
Törtchen 104

U
Umschlag 27

V
Vollbart 114

W
Wärmflaschenbezug 78

Z
Zugluftstopper 86
Zusammennähen 29